国家能力与经济发展

——从历史比较到跨国经验分析

王晓星 ◎ 著

GUOJIA NENGLI YU JINGJI FAZHAN
CONG LISHI BIJIAO DAO KUAGUO JINGYAN FENXI

首都经济贸易大学出版社
Capital University of Economics and Business Press
·北京·

图书在版编目（CIP）数据

国家能力与经济发展：从历史比较到跨国经验分析/王晓星著．
—北京：首都经济贸易大学出版社，2023.3

ISBN 978-7-5638-3374-0

Ⅰ.①国… Ⅱ.①王… Ⅲ.①中国经济—经济发展—研究 Ⅳ.①F124

中国版本图书馆 CIP 数据核字（2022）第 102662 号

国家能力与经济发展——从历史比较到跨国经验分析
王晓星 著

责任编辑	董 飞
封面设计	砚祥志远·激光照排 TEL:010-65976003
出版发行	首都经济贸易大学出版社
地 址	北京市朝阳区红庙（邮编 100026）
电 话	（010）65976483 65065761 65071505（传真）
网 址	http://www.sjmcb.com
E-mail	publish@ cueb.edu.cn
经 销	全国新华书店
照 排	北京砚祥志远激光照排技术有限公司
印 刷	北京九州迅驰传媒文化有限公司
成品尺寸	170 毫米×240 毫米 1/16
字 数	162 千字
印 张	9.25
版 次	2023 年 3 月第 1 版 2023 年 8 月第 2 次印刷
书 号	ISBN 978-7-5638-3374-0
定 价	35.00 元

图书印装若有质量问题，本社负责调换
版权所有 侵权必究

前 言

　　国家能力已成为发展经济学和政治经济学文献中热议的概念之一。本书通过中外历史上的国家能力建设比较，有关国家能力的模型分析，以及运用中国省级数据和跨国面板数据，重新审视了国家能力与经济发展的关系。本书的研究表明：第一，中国历史上国家能力长期处于较低水平，这是统治者基于长远统治的合理选择。由此，财政和行政能力的低下最终呈现为经济发展水平的落后，从而产生了历史大分流。第二，现代国家建设的过程千差万别，不仅亚欧国家之间存在差异，亚洲内部国家之间也存在显见差异。第三，历史上所观察到的国家能力与经济增长的联系是视情况而定的。拥有高国家能力的国家可以为此提供制度条件，使增长和创新得以实现。然而，英国等欧洲国家的历史也告诉我们，国家能力并非多多益善，当国家权力强大到一定程度时，通过制度形式对权力进行限制和约束也同等重要。第四，本书的第一个计量模型运用中国 30 个省级行政区 1990—2000 年数据，实证检验了地方国家能力对中国经济绩效的影响，利用历史上三次较大规模农民起义中的人口变化数据作为国家能力变化的可能外生来源，证明了地方国家能力促进了产出，而非相反。与此同时，国家能力对经济的促进作用存在一个限度，能力过强的省份，由于过度征税而降低了产出，通过实证数据表明了国家能力实质上是一把双刃剑。

　　本书通过全球 75 个国家 1970—2010 年的大型跨国面板数据，实证分析了国家能力与经济发展阶段的关系，并在结论部分证实了本书提出的假设：当一国处于追赶阶段时，国家能力对经济的全要素生产率（TFP）提高具有显著促进作用，即国家能力对经济增长的影响会随着一国与技术前沿面距离的增加而增大。当一国已经处于技术前沿，国家则显得不那么必要，因为资本短缺通常不是问题，经济体通常拥有促进协调的市场制度，对国家权力的制度约束有助于全要素生产率的提高。

　　本书的研究内容得到首都经济贸易大学北京市属高校基本科研业务费专项资金（项目编号：XRZ2021053）的资助，在此表示衷心的感谢。由于笔者学识有限，书中难免存在一些不足之处，敬请广大同行和读者批评指正。

目录

第一章　导论 ……………………………………………………………… 1
第一节　研究背景与研究意义 ………………………………………… 1
第二节　研究思路与研究方法 ………………………………………… 4
第三节　研究内容与研究框架 ………………………………………… 5
第四节　创新点与不足 ………………………………………………… 8

第二章　文献综述 ………………………………………………………… 10
第一节　关于国家治理和国家能力界定的研究 …………………… 10
第二节　国家能力与现代经济发展绩效的研究 …………………… 28
第三节　文献评述 …………………………………………………… 34

第三章　国家能力的历史比较分析 …………………………………… 36
第一节　中国与日本国家能力建设比较 …………………………… 37
第二节　中国和欧洲国家能力建设比较 …………………………… 44
第三节　本章总结 …………………………………………………… 56

第四章　国家能力的理论模型刻画与分析 …………………………… 59
第一节　弱国和强国对经济表现的影响
　　　　——基于阿西莫格鲁的模型分析 ………………………… 59
第二节　不同发展阶段国家能力的作用
　　　　——基于阿吉翁和豪伊特的模型分析 …………………… 70
第三节　本章总结 …………………………………………………… 77

第五章　国家能力对中国经济绩效的影响
——基于中国省级数据的实证检验 … 79
- 第一节　理论机理分析 … 80
- 第二节　实证计量模型 … 81
- 第三节　数据来源和说明 … 85
- 第四节　实证结果分析 … 90
- 第五节　实证结果的稳健性检验 … 100
- 第六节　本章总结 … 103

第六章　国家能力、制度约束与经济发展
——基于跨国面板数据的实证分析 … 104
- 第一节　理论机理分析 … 104
- 第二节　实证计量模型 … 108
- 第三节　数据来源与说明 … 114
- 第四节　实证结果分析 … 116
- 第五节　实证结果的稳健性检验 … 125
- 第六节　本章总结 … 130

第七章　结论与启示 … 131
- 第一节　结论 … 131
- 第二节　启示 … 133

参考文献 … 134

附录 … 137

后记 … 141

第一章 导论

第一节 研究背景与研究意义

1978年改革开放前,中国是世界上较贫穷的国家之一,当时中国的实际人均GDP仅为巴西的1/10,美国的1/40。改革开放以来,中国经济增长取得了史无前例的成就。中国的实际人均GDP以平均每年超过8%的速度增长,到2012年,中国实际人均GDP已经与巴西持平,达到美国实际人均GDP水平的1/5[①]。2010年,中国超越日本成为世界第二大经济体,国际货币基金组织(IMF)和佩恩表(Penn World Tables 9.0)的数据表明,2014年,中国经购买力平价调整后的国内生产总值已经超过了美国。经过改革开放以来40多年的发展,中国已从贫穷落后的经济体转变为一个繁荣发展的经济体。此外,随着中国经济的不断发展,其工业化进程也在持续推进,产业结构不断在发生变迁[②]。改革开放之初,中国是典型的农业化国家,改革开放迅速开启了中国农村的工业化进程,乡镇企业的繁荣扩大了国内市场,提高了城乡购买力,改善了供应链和分销网络,最终引爆了中国的工业革命,产业逐渐由农业向轻工业、重工业转型和升级,当下中国的工业化进程仍在继续推进[③]。

[①] ZHU X. Understanding China's growth: past, present, and future [J]. The journal of economic perspectives, 2012, 26 (4): 103-124.

[②] LIN J. Economic development and transition: thought, strategy, and viability [M]. Cambridge: Cambridge University Press, 2009.

[③] WEN Y. China's rapid rise [J]. The regional economist, 2016, 24 (2): 8-14.

理论上，中国采取"渐进的双轨制"改革发展战略不同于拉美等国家的"进口替代"战略，也与西方主流的发展经济学理论开出的"休克疗法"药方有显见差异[1]，使学界不得不开始从理论上探究中国奇迹增长背后的机制。实践上，中国40多年经济发展所取得的成就为后发国家开启工业化之路提供了可资参考和借鉴的经验，而其中成功的经验之一在于正确地处理了政府与市场的关系，发挥了政府（国家）在经济增长转型中的主导作用[2]。

新制度经济学强调，技术变革与生产率提高并非经济增长的根本原因（它们本身即是增长）[3]，经济和政治制度才是促进经济增长的根本原因[4]。这一观点业已得到学界广泛的承认。制度之所以重要，因为制度是将经济活动导向社会生产或非生产目标的激励机制。因此，"制度转向"不是关注某一特定政策是否有益，而是关注特定的政治或经济制度如何为经济增长提供必要的先决条件。然而，有关制度的文献提出了一个更大的问题：如果对哪些制度可以带去可持续经济增长有一定程度的共识，那么是什么因素使一些国家能够采用促进增长的制度，而阻止了其他国家这样做呢？

国家能力（state capacity）为这个问题提供了一个答案。国家能力是指一个国家收税、执法和提供公共物品的能力。作为一个概念，它源自政治科学家和财政社会学家的研究[5]。在关于"发展型政府"在东亚经济增长所起作用的讨论中，国家能力的概念率先引起了发展经济学家的注意[6]。之后，发展经济学和政治经济学文献在研究政府（国家）与市场关系时强调国家能力的重要性[7]。他们指出，国家作为政治制度和经济制度的主要提供者，其性质与作用对一国经济的表现尤为关键。由强大、有凝聚力和受约束的国家统治的经济体更有可能保护产权，克服既得利益和协调失败，提供公共产品，避免

---

[1] LIN J. Economic development and transition: thought, strategy, and viability [M]. Cambridge: Cambridge University Press, 2009.

[2] WEN Y. China's rapid rise [J]. The regional economist, 2016, 24 (2): 8-14.

[3] NORTH D, THOMAS R. The rise of the western world: a new economic history [M]. Cambridge: Cambridge University Press, 1973.

[4] NORTH D. Structure and change in economic history [M]. New York: W W Norton Company Ltd, 1983.

[5] TILLY C. The formation of national states in Europe [M]. Princeton: Princeton University Press, 1975.

[6] WADE R. Governing the Market [M]. Princeton: Princeton University Press, 1990.

[7] BESLEY T, PERSSON T. Wars and state capacity [J]. Journal of the european economic association, 2008, 23 (6): 522-530.

灾难性的经济政策，而由弱者统治的社会则容易出现寻租、腐败和内战。因此，增强市场型的国家能力可为经济发展提供便利。

然而阿西莫格鲁指出，国家能力本质上是一把双刃剑，虽然它是经济发展的必要条件，但并非越多越好[①]。正如温加斯特所言，"一个足以保护产权和执行合同的政府也足以没收其公民的财富"[②]。因此，要实现增长就需要在建构国家能力和约束统治者之间找到平衡点。在现实中，随着日本陷入20世纪80年代末的泡沫经济，韩国遭遇20世纪90年代末的亚洲金融危机，加上克鲁格曼（Krugman）对东亚奇迹的批判[③]，以强国家能力为特征的发展型政府受到严峻挑战[④]。中国在1978年前后的经济表现也说明，国家能力在增强或抑制市场和激励机制时，会对经济发展产生截然不同的影响[⑤]。

在上述背景下，从国家能力视角重新审视中国经济增长转型中的政府与市场的关系，在理论上可以丰富已有文献对政府与市场关系、国家能力对经济发展的作用，以及对中国经济增长机制的认识。此外，国家能力与国家治理密切相关，国家能力是国家治理不可或缺的要素之一。党的十八届三中全会将"推进国家治理体系和治理能力现代化"作为全面深化改革的目标，在这个层面上说，科学评价国家能力有助于促进中国的制度建设，提高国家治理体系和治理能力的现代化水平。此外，现有文献中关于国家能力对经济发展影响的实证研究主要集中在欧洲、美洲和非洲地区。虽然众多经济学家将东亚奇迹和中国经济增长转型的成就归功于强大而积极的国家，但基本停留在理论综述和定性分析上[⑥]，鲜有文献通过实证研究定量分析国家能力的影响。因而从实证角度说，本书通过中国数据的分析补充了国家能力的经验研

[①] ACEMOGLU D. Politics and economics in weak and strong states [J]. Journal of monetary economics, 2005, 52 (7): 1199-1226.

[②] WEINGAST B. The economic role of political institutions: market-preserving federalism and economic development [J]. The journal of law, economics & organization, 1995, 11 (1): 1-31.

[③] KRUGMAN P. The myth of Asia's miracle [J]. Foreign affairs, 1994, 73 (6): 62-78.

[④] 张晓晶，李成，李育. 扭曲、赶超与可持续增长：对政府与市场关系的重新审视 [J]. 经济研究, 2018, 53 (1): 4-20.

[⑤] LU Y, LUAN M, SNG T. The effect of state capacity under different economic systems [R]. SSRN electronic journal, 2016.

[⑥] 付敏杰. 国家能力视角下改革开放四十年财政制度改革逻辑之演进 [J]. 财政研究, 2018 (11): 33-45.

究文献,为其他发展中国家提供了经济发展和改革经验,因此具有一定的理论和现实意义。

第二节 研究思路与研究方法

一、研究思路

本书尝试系统评估计国家能力对中国经济增长转型绩效的影响,全书按照文献综述→历史比较分析→理论模型分析→实证计量分析→结论启示的思路展开。具体讲,首先,基于对现有文献的述评界定国家能力的含义、衡量指标及其决定因素,并指出已有研究的可完善之处,进而明确本书的研究方向和边际贡献。其次,本书延伸研究视野,从经济史学的角度比较历史上中国与日本和欧洲各国的国家能力强弱。理解经济史对理解国家能力的含义至关重要[①]。通过评估中国和亚欧其他国家的国家建设进程,一方面有助于"解构"国家能力与经济增长之间的关系;另一方面也为本书实证部分工具变量的获取提供了启发。再次,对与国家能力和经济绩效的经典理论和相关模型进行介绍。与本书经验研究最相关的理论模型有两个:阿西莫格鲁构建了国家能力影响经济增长的经典模型,表明了国家能力对经济增长的双向影响[②];阿吉翁和豪伊特则通过理论模型说明了国家能力对处不同发展阶段的经济体的作用不同[③]。这两个模型是本书实证研究的基础。之后,本书基于理论模型和历史比较分析结果,利用恰当的计量方法和数据,就国家能力对经济绩效的影响进行了实证检验。最后,结合理论和实证的结果,总结了国家能力在中国经济增长转型中的作用机制。同时,通过比较国家能力在西方发达国家经济增长中的作用,明确了国家能力在不同发展阶段角色的差异。在当前中国进入新常态,面临发展方式转型和政府职能转变的时代背景下,为更好地理顺政府与市场关系,发挥国家作

[①] JOHNSON N, KOYAMA M. States and economic growth: capacity and constraints [J]. Explorations in economic history, 2017, 64 (4): 1-20.

[②] ACEMOGLU D. Politics and economics in weak and strong states [J]. Journal of monetary economics, 2005, 52 (7): 1199-1226.

[③] AGHION P, HOWITT P. Appropriate growth policy: a unifying framework [J]. Journal of the European economic association, 2006, 4 (2): 269-314.

用提供了方向与建议。

二、研究方法

本书主要采用历史比较分析、模型构建和实证分析相结合的研究方法，即在历史比较和理论模型分析的基础之上，尝试分析国家能力影响一国经济绩效的机制和渠道。概括为：国家能力是一国在长期历史发展中形成的，对经济增长不可或缺，主要通过财政能力和生产能力提高经济绩效。但国家能力并非多多益善，其在一国发展早期可以有效促进经济增长，而当一国经济发展到一定阶段后，则应该加强对国家能力的约束。本书采用不同的计量方法对上述理论假说进行了实证检验。

实证研究是本书重要的组成部分。为了对理论假设进行验证，本书分别采用了不同层面和国别的数据以及较为严谨的实证计量方法。首先，为了检验国家能力在中国经济增长转型中的作用，运用中国省级层面的数据，实证分析了中国的国家能力与经济绩效的关系。由于国家能力的显见内生性影响，为得到预期的因果关系，本书通过工具变量法控制了国家能力的内生性。工具变量的选取来自历史比较分析的启示，通过清朝三次国内战争[①]中的人口死亡数作为外生工具变量，从而有效地解决了内生性偏误问题。其次，为检验国家能力在经济不同发展阶段的作用，本书采用了包含中国在内的发展中国家和发达国家的跨国面板数据，通过固定效应面板模型检验国家能力对不同发展阶段经济体的影响。在跨国面板回归中国家能力仍具有内生性，但由于很难找到同一外生工具变量表征不同国家的国家能力，为此笔者结合历史比较分析和现有文献，通过选取衡量国家能力的适当指标，尽可能地降低内生性带来的估计结果偏差问题。

第三节 研究内容与研究框架

一、研究内容

本书尝试系统评价国家能力在经济增长转型和不同发展阶段中所发挥的作用。本书的内容分为七章。

[①] 1851—1880年清朝统治期间爆发的三次战争——太平天国运动、捻军起义、陕甘回变。

第一章导论。主要介绍研究背景及意义、研究思路与研究方法、研究内容以及本书的创新点与不足。

第二章文献综述。其中,第一节对本研究的核心概念——国家能力进行了界定,介绍其含义、衡量指标和决定因素,并比较了它与国家治理的关系;第二节对国内外有关国家能力与经济发展的研究进行了文献梳理;第三节对现有研究进行文献评述,并框定本书研究范围和研究方向。

第三章国家能力的历史比较分析。本章主要介绍历史上中国与日本、欧洲各国的国家能力建构和发展演变,通过横向和纵向比较历史上中外国家能力建构上的差异,有助于深入理解国家能力与长期经济增长的关系。

第四章理论模型分析。本章介绍与本研究密切相关的有关国家能力的理论模型。其中阿西莫格鲁通过理论模型刻画了国家能力影响经济发展的方式和渠道,而阿吉翁和豪伊特则表明国家能力在不同阶段对经济绩效可能产生不同的影响。当一国处于后发追赶阶段时,对国家能力的投资有助于提高经济绩效,而当一国处于技术前沿阶段时,加强对国家能力的约束,更为有效地利用市场则能最大化地促进经济增长。

第五章和第六章为本书的实证分析部分,通过实证分析验证理论模型的结论,同时评估国家能力对中国经济增长转型的影响。第五章运用中国省级层面的数据实证检验国家能力对中国经济绩效的影响。由于国家能力显见的内生性,实证的关键在于找到国家能力的外生性来源,第三章对历史比较的分析为本书提供了启示。第六章采用包含中国在内的发展中国家和发达国家的跨国面板数据实证分析了国家能力在经济体不同发展阶段的作用。一方面是对阿吉翁和豪伊特模型结论的检验;另一方面是立足于中国当下的经济发展阶段和国情。当前,中国经济发展进入新常态,过去40多年的高增长阶段已经结束,经济发展方式和政府职能也面临转变。在新的发展阶段,重新界定政府与市场关系的边界显得至关重要。

第七章结论与启示。根据本书对历史上中外国家能力的比较以及实证检验的结果,总结国家能力对经济绩效的影响,而国家能力在不同国家发展阶段中的角色差异,昭示着在未来中国的发展过程中需要反思和超越过去的发展模式和政府职能定位,据此可得出本书相应的启示。

二、研究框架

根据上述研究内容,本书的研究框架可总结如图 1-1 所示。

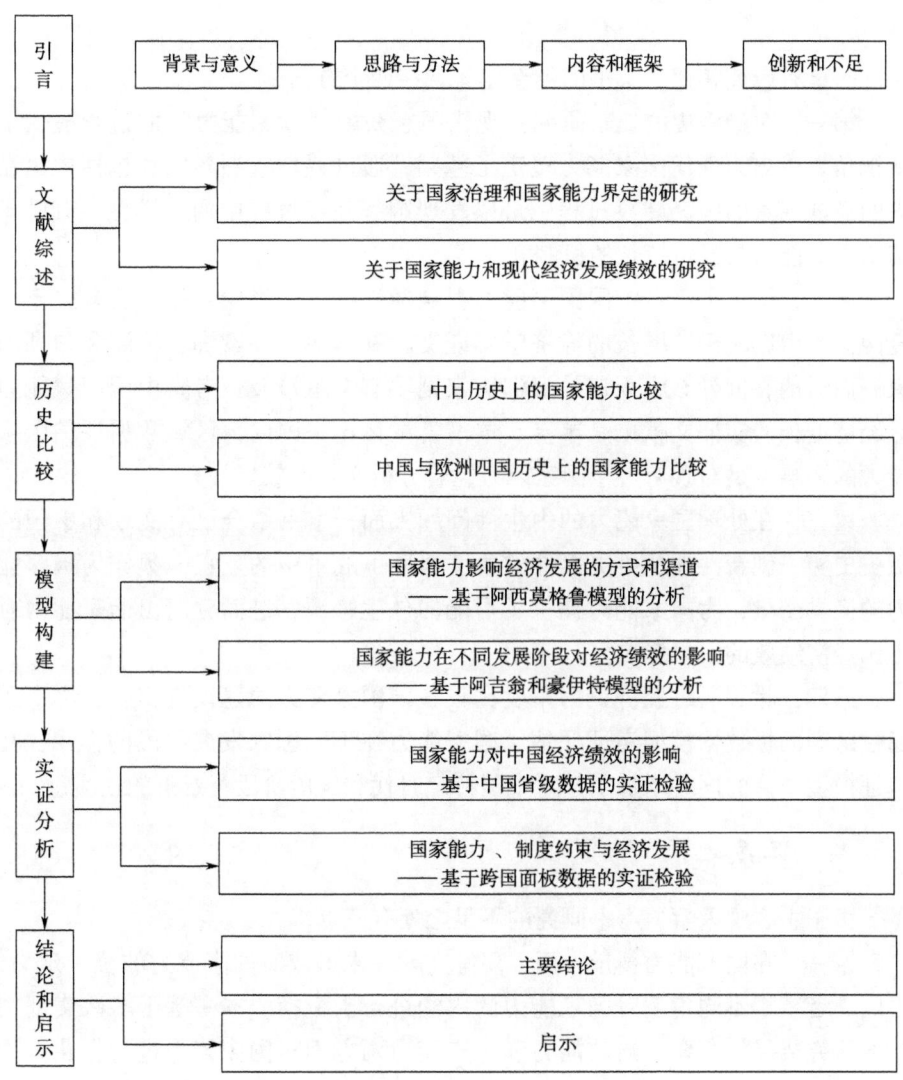

图 1-1 研究框架图

第四节　创新点与不足

一、创新点

与已有研究相比,本书的创新点体现在四个方面。

第一,对经济史的比较研究为现代国家获得"国家能力"的过程提供了新视角。历史为现代国家能力奠定了基础,通过评估欧洲各国和包括中国在内的亚洲国家的国家建设过程,可以发现国家建设过程中的多样性,有助于阐明国家能力与经济增长的机制和关联。

第二,增加了来自中国国家能力影响经济绩效的经验证据。已有关于研究国家能力影响经济增长的经济学实证文献基本集中在欧洲、美洲和非洲国家,而对拥有世界60%人口的亚洲国家则罕有文献涉及,考察中国国家能力对经济增长的实证文献更是寥寥。本书尝试运用中国内部区域数据评估国家能力的影响,是对现有关于国家能力经验分析文献的较好补充。

第三,在处理国家能力的内生性问题方面,本书结合已有文献和中国的历史史实,创新性地从历史事件的角度选取了战争中的死亡人数作为国家能力的工具变量,为国家能力提供了可能的外生来源,进而分离出国家能力对中国经济绩效的因果影响。

第四,除了通过经济史的角度比较各国国家能力的建设进程外,本书还通过跨国面板数据模型实证评估了国家能力在不同国家发展阶段的作用,在验证模型结论的同时增加了其对中国特定时代和发展阶段背景下的现实意义。

二、不足之处

由于主客观因素,本书研究的不足之处有三点。

第一,在国家能力衡量方面,现有文献并未形成对国家能力的统一定义,不同学者基于不同角度对国家能力的内涵进行了概括。本书基于多数实证文献的研究成果,主要从财政能力和生产能力两方面对国家能力进行量化。国家能力还有更为丰富的内涵,在后续的分析中可以考虑扩展国家能力的衡量评价指标体系。

第二,在理论模型构建方面,本书的模型是对阿西莫格鲁与阿吉翁和豪伊特理论模型的简化,旨在说明模型的关键特征,提出实证检验的假说,忽略了对具体国家（如中国）典型化事实的刻画，在后续的研究中应该考虑扩展已有模型的框架，容纳更多的制度细节和现实特征。

  第三，在实证检验部分，本书着力强调构造国家能力的外生来源，分离出国家能力对经济绩效的单向影响。当然，尽管本书对国家能力影响经济绩效的中介机制进行了分析，但尚不完善，在未来研究中应进一步考虑国家能力作用于经济发展的详细机制和渠道。

第二章 文献综述

在讨论政府与市场关系时,国家能力已经成为发展经济学和政治经济学中出现频率较高的概念之一。本章首先通过梳理文献,厘清国家治理与国家能力的关系,作为国家能力研究的起点;其次,总结国家能力的含义、衡量指标和决定因素;最后,通过梳理国内外有关国家能力与经济发展的研究文献,分析目前国内外的研究现状和存在的问题,进而明确本书的研究方法和研究方向。

第一节 关于国家治理和国家能力界定的研究

一、国家治理与国家能力

(一)国家治理的定义

对于国家治理的定义和衡量,是研究国家能力的起点,因为国家能力是国家治理的关键方面之一。在2005—2019年的15年中,有关经济发展的研究一直致力于国家治理的各方面,努力评估其对国民收入水平或增长率的影响。尽管社会公平、卫生和教育等发展成果受到的关注要少得多,但目前的共识是,改善治理会带来经济发展。迄今为止的大多数研究都考察了产权安全的各方面,但最近的经济学研究倾向于通过国家视角看待治理。这一方面的文献建立在对发展中国家的成熟研究基础上,似乎学界越来越认识到国家能力作为有效治理的基本要素的重要性①②。

不同学者和机构对国家治理有着不同的定义。考夫曼等将国家治理定义为"一国行使权力的传统和制度,包括选拔监督和更换政府的过程;政府有效制定和执行健全政策的能力及尊重公民和国家对管理公民之间的经济和社会互动的制度的尊重"③。福山对国家治理的定义是"政府制定和执行规则以及提供服务的能力"④。他认为,国家治理包括能力和自治两个方面,能力指国家资源和官僚人员的专业化程度;自治是指政治委托人向作为其官员代理人发出命令的方式,国家治理是能力和自治相互作用的结果。然而长期以来学界过度关注专制统治的持久性等问题,意味着在长期的民主转型过程中,民主和自治问题仍然是研究的重点。换句话说,每个人都对研究制约权力的政治制度——民主、问责制和法治——感兴趣,但很少有人关注积累和使用权力的制度——国家。因此,未来加大对国家及能力的研究有助于更好地衡量国家治理质量。

世界银行对国家治理前后有过两次类似的定义,分别是"在管理促进发展的国家的经济和社会资源时行使权力的方式"⑤,以及"政府官员和机构获取和行使塑造公共政策和提供公共产品与服务的权力的方式"⑥。上述定义适应多维度和多样性,包括国家能力及其制度和政策的质量,在历史上对经济的运行起着至关重要的作用。

(二) 国家治理的衡量指标

虽然关于国家治理的定义有很多,但是仍存在一些共识。大多数定义都认同一个有能力的国家在法治框架内运作的重要性。此外,国家治理定义的范围足够广泛,关于国家治理质量的实证研究设计了许多不同的衡量指标,

---

① EVANS P. Embedded autonomy: states and industrial transformation [M]. Princeton: Princeton University Press, 1995.

② EVANS P, RAUCH J. Bureaucracy and growth: a cross-national analysis of the effects of "Weberian" state structures on economic growth [J]. American sociological review, 1999, 64 (5): 748-765.

③ KAUFMANN D, AART K, MASSIMO M. Governance matters viii: aggregate and individual governance indicators for 1996—2008 [R]. World Bank Policy Research Working Paper No. 4978, 2009.

④ FUKUYAMA F. What is governance? [J]. Governance: an international journal of policy, administration, and institutions, 2013, 26 (3): 347-368.

⑤ 世界银行. 世界发展报告:发展与环境 [M]. 北京:中国财政经济出版社, 1992.

⑥ 世界银行. 世界发展报告:发展与下一代 [M]. 北京:中国财政经济出版社, 2007.

这些衡量指标适用于获取国家治理的各方面：保护产权，官僚机构的质量和表现，司法行政，微观和宏观经济管理，等等。国家能力的内涵与外延与之类似，因此，可以将文献中衡量治理的方法应用到国家能力的案例中。

一个流行的分类将治理指标划分为客观和主观的度量[1]。在客观衡量指标方面，主要是对一国政治的评价，其中一个实证研究领域集中于对政治不稳定和暴力的衡量。如班克斯提供了唯一广泛可用的统计调查数据库。他收集了大量关于长期政治因素的统计数据（有些数据可以追溯到19世纪早期），包括某年，某个国家的政变、示威、暴动、政治暗杀、罢工等[2]。这些数据虽然客观，但并不是国家治理的完美代理变量，因为这些数据既没有解决制度的质量问题，也没有解决制度所涵盖问题的广度（如腐败），当前的研究并没有普遍使用上述数据。另一个早期的实证研究领域直接集中于各国所拥有的政治制度类型，而非不稳定性。如多年来被政治学家和经济学家广泛使用的Polity（政体）数据库，包含了所有独立国家（人口超过50万人）的政体和权威特征的年度编码信息，不仅包括民主或威权指数，还包括行政约束、"非精英"政治参与的开放性和政治竞争等问题。贝克等[3]和赫尼兹[4]开发的政治制度数据库和政治约束指数也是文献中经常使用的数据来源。

上述基于客观衡量指标的政治数据库虽然有很多值得推荐的地方，但也存在缺点。缺点之一是，许多学者认为，这些数据库仅评价了机构的"顶层"部门（如行政和立法部门），并未收集其他制度机构的信息，如官僚机构或政府的司法部门等，而许多主观衡量的指标尝试对更多维度的治理因素进行了综合评价。主观衡量指标大多是基于感知的调查信息，包括：专家的意见，例如风险评级机构、外国投资者、学者或非政府组织；全国受访者（公司或个人等）的调查。如世界银行公布的全球治理指标（World Governance Indicators，WGIs）是一个结合专家或调查主观信息的综合衡量指标，涵盖全球200多个国家，目前已经被广泛用于学术研究，对国家能力的衡量有重要

---

[1] WILLIAMS A, SIDDIQUE A. The use (and abuse) of governance indicators in economics: a review [J]. Economics of governance, 2008, 9 (2): 131-175.

[2] BANKS A. Cross-national time series data archive [M]. New York: Center for Social Analysis, University of New York, 1994.

[3] BECK T, CLARKE G, GROFF A et al. New tools and new tests in comparative political economy: the database of political institutions [J]. World bank economic review, 2001, 15 (1): 165-176.

[4] HENISZ W. The institutional environment for economic growth [J]. Economic & politics, 2000, 12 (1): 1-31.

的参考价值。此外,国际国家风险指南数据库(ICRG)含有当今使用广泛的制度衡量指标,其指标的构建依赖专家看法,使用的政治风险评级数据可以追溯到 1984 年,覆盖 140 个国家。国际国家风险指南数据库的相关指标可以用来衡量国家能力。主观衡量的优势在于将许多不同的正式制度和政策干预综合为单一的总体治理指数。然而,该种衡量方式很容易受到主观偏见的影响。另一个所有主观加总指标的限制是,国家治理指标不一定要提供综合指数,因为一个综合指数应该包含多少个维度是有争议的。即使人们能够就哪些方面应被包括在内达成协商一致的意见,仍将面临一项任务,即拟订一个适当的公式综合可能的组成部分。例如,应该是对各维度指标使用加法?或是使用乘法?考虑到这一点,综合指数并非总是对学术研究必不可少,下文在总结国家能力的衡量指标时,也发现很多文献中会集中从一到两个维度进行度量,而没有一味追求全面的评估。

(三) 国家治理与国家能力

尽管现有国家治理衡量指标存在缺点和方法上的争议,但是国家治理文献为研究国家能力提供了许多变量,同时不同的治理衡量指标也捕获了国家能力的不同方面。国家能力作为国家治理的一个关键方面,与国家治理概念之间存在很大重叠,可以认为国家能力是通过法治、透明度、民主等共同的良好治理指标体现的。此外,国家治理在概念上还存在一定的复杂性,因为在某些情况下,国家治理能力的来源并不明确,往往混合了两种权力的来源,一是来自民选领导人的权力;二是常设官僚机构的间接力量。在经济起步阶段或者在脆弱的经济环境中,往往强调强制性能力,此时第一种权力来源占据上风,而在经济发展到一定阶段后,需要限制领导人的强制性权力,第二种权力来源要在经济中发挥主导作用。

从这一点看,确定衡量对象并不是那么简单的。人们必须先考虑国家应该在经济发展中承担多少职能。国家的政治和经济理论在这个问题上分歧很大。传统上,对于国家应在何处以及在多大程度上干预经济这一点,人们始终没有达成一致。国家干预可能从一个极端摆动到另一个极端,这取决于历史条件[①]。同样,在发展经济学文献中,促进经济发展的国家能力类型也会根据国家影响发展结果的机制而有所不同。因此,必须剖析国家能力的概念,

---

① STIGLER G, SAMUELSON P. A dialogue on the proper economic role of the state [M]. Chicago: University of Chicago Press, 1968.

以便确定与之一致的衡量指标。

二、国家能力的含义

如导论中所言,国家能力(state capacity)原本是一个政治社会学概念,产生于学界对了解国家在发展中的作用的兴趣,是20世纪下半叶政治社会学的一个目标。根据杰索普(Jessop)的观点,国家的重要性在两波政治社会学学术中得到恢复:20世纪60年代资本主义国家的新马克思主义理论和20世纪70、80年代的"中央集权"制度运动。在这些著作中,关于国家形成和国家自治的讨论是系统地概念化国家能力的先驱。早期的突出著作是查尔斯·梯利的《西欧民族国家的形成》,这本书非常详细地记录了西欧民族国家的形成过程以及战争在其中的作用。在书中作者将西欧的国家定义为"区别于非政府组织的集中化和内部协调的正式自治组织"①。国家地位的高低反过来又取决于国家征收税收的能力,即"建立一种机制,有效地从当地人口中提取必要的资源,并遏制其对资源开采的能力"。

从上述定义中可以看出,梯利对国家能力的定义侧重于强调其强制性和财政能力的维度。自梯利后,对国家能力的研究已经远超出政治社会学的范畴,社会学家、历史学家和经济学家均对国家能力进行了深入研究。不同学者基于国家能力的不同维度而有着不同的定义和理解。斯科波尔和芬戈尔德把"国家能力"的含义概括为国家"贯彻、实现自己目标和意志的能力"②。简言之,国家能力就是政府实现既定政策目标的能力③。吕舍迈耶和埃文斯指出,国家能力是国家对经济体的有效干预,而有效的干预需要能动的官僚机构和国家组织之间的协调④。世界银行将国家能力定义为承担并促进集体行动有效性的能力⑤。约翰逊和小山则将国家能力进一步具体化,指出"国家能

---

① TILLY C. The formation of national states in Europe [M]. Princeton: Princeton University Press, 1975.

② SKOCPOL T, FINEGOLD K. State capacity and economic intervention in the early new deal [J]. Political science quarterly, 1982, 97 (2): 255-278.

③ DINCECCO M. State capacity and economic development: present and past [M]. Cambridge: Cambridge University Press, 2017.

④ RUESCHEMAYER D, SKOCPOL T. (Eds), Bringing the state Back in [M]. Cambridge: Cambridge University Press, 1985.

⑤ 世界银行. 世界发展报告:变革世界中的政府 [M]. 北京:中国财政经济出版社,1997.

力"是"一个国家收税、执法和提供公共物品的能力"①。福山把国家能力引申为国家制度能力,认为国家能力的增强就是"新政府机构的创建和现有政府机构的加强"②。同时福山进一步指出,国家能力体现在对官僚机构的投入上③。阿西莫格鲁等认为,国家能力主要包括中央机构监管官僚机构的能力④。贝斯利和佩尔松指出,"国家能力"可以定义为"国家执行向家庭和企业提供福利和服务等各种政策的制度能力"⑤。这一定义符合国家能力维度的多样性,包括国家的权力及其制度和政策的质量,在历史上对经济运行起着至关重要的作用。通过不同学者对国家能力的理解可以看出,学界对政府应该在多大程度上干预经济没有达成一致,不同文献对国家能力促进经济发展的机制各有侧重,一些强调保护财产权⑥⑦;另一些则指出国家参与克服协调失败⑧;或支持技术创新,提供基础设施,参与人力资本形成。因此根据国家执行的功能指标定义国家能力是合适的。

米格德尔根据能力指标把国家能力分为渗入社会能力、调节社会关系能力、提取资源能力及配置与运用资源能力四部分。曼恩主张国家应该行使两种权力:专制权力和基础设施权力。专制权力是统治者不与公民团体协商而从事的行为。基础设施权力是渗透到公民社会实施政治决策的权力⑨。王绍光和胡鞍钢把国家能力分为国家的汲取能力、调控能力、合法化能力和强制能

---

① JOHNSON N, KOYAMA M. States and economic growth: capacity and constraints [J]. Explorations in economic history, 2017, 64 (4): 1-20.

② FUKUYAMA F. State-building: governance and world order in the 21st century [M]. Ithaca: Cornell University Press, 2004.

③ FUKUYAMA F. What is governance? [J]. Governance: an international journal of policy, administration, and institutions, 2013, 26 (3): 347-368.

④ ACEMOGLU D, TICCHI D, VINDIGNI A. Emergence and persistence of inefficient states [J]. Journal of the european economic association, 2011, 9 (2): 177-208.

⑤ BESLEY T, PERSSON T. Pillars of prosperity: the political economics of development clusters [M]. Princeton: Princeton University Press, 2011.

⑥ TABELLINI G. The role of the state in economic development [J]. Kyklos, 2005, 58 (2): 283-303.

⑦ BESLEY T, PERSSON T. The Origins Pf State capacity: property rights, taxation, and politics [R]. NBER Worlzing Paper 13028, 2007.

⑧ BARDHAN P. State and development: the need for a reappraisal of the current literature [J]. Journal of economic literature, 2016, 54 (3): 862-892.

⑨ MANN M. The sources of social power: a history of power from the beginning to A. D. 1760 [M]. Cambridge University Press, 1986.

力①。萨沃亚和森指出，国家能力包括五部分：官僚和行政能力、法律能力、基础设施能力、财政能力、军事能力②。贝斯利和佩尔松的国家能力指标只包括财政能力和司法能力。财政能力集中于国家的攫取角色，表现为一个国家是否能从诸如收入和消费的广阔税基中获取收入；司法能力考虑的是以保护私人产权为核心的国家的生产角色，表现为通过道路交通和电力供应的物质资本形式促进私人部门生产率的提高③。二者之间是互补性关系。无独有偶，约翰逊和小山也特别强调国家能力中的财政能力和法律能力。他们指出，一个高能力的国家必须能够在其声称统治的整个领土范围内执行其规则，即法律能力；同时，必须能够从经济中获得足够的税收收入，以执行其政策，即财政能力④。

以上是文献中对国家能力及其职能指标较具代表性的定义和分类，在已有的国内外文献中不同学者对于国家能力还有自己的定义和理解。基于笔者有限的文献阅读，在表 2-1 中按时间顺序总结了国内外文献中有关国家能力概念的理解和衡量的职能维度。

表 2-1　文献中国家能力定义及职能维度（按时间顺序）

时间（年）	学者	国家能力概念	强调职能维度
1975	Tilly（蒂利）	在西欧国家的形成过程中，国家被定义为建立一个强制性的国家机构以有效地从人民中攫取资源	强制/财政能力
1982	Skocpol（斯科波尔）	国家贯彻、实现自己目标和意志的能力	官僚/行政能力
1985	Rueschemeyer（吕舍迈耶），Evans（埃文斯）	国家对经济体的有效干预，有效的干预需要能动的官僚机构和国家组织间的协调	官僚/行政能力

---

① 王绍光，胡鞍钢. 中国国家能力报告 [M]. 沈阳：辽宁人民出版社，1993.

② SAVOIA A, SEN K. Measurement, evolution, determinants, and consequences of state capacity: a review of recent research [J]. Journal of economic surveys, 2015, 29 (3): 441-458.

③ 付敏杰. 国家能力视角下改革开放四十年财政制度改革逻辑之演进 [J]. 财政研究, 2018 (11): 33-45.

④ JOHNSON N, KOYAMA M. States and economic growth: capacity and constraints [J]. Explorations in economic history, 2017, 64 (4): 1-20.

续表

时间（年）	学者	国家能力概念	强调职能维度
1986	Mann（曼恩）	包括专制权力和基础设施权力。专制权力是统治者不与公民团体协商而行事；基础设施权力是渗透到公民社会实施政治决策的权力	强制/行政能力
1988	Migdal（米格德尔）	是国家领导人使用国家机构让人民进入社会做他们想让人民做事的能力，包括渗入社会能力、调节社会关系能力、提取资源能力及配置与运用资源能力	强制/行政能力
1993	王绍光和胡鞍钢	汲取能力、调控能力、合法化能力和强制能力	财政/行政/法律/强制能力
1996	Geddes（格迪斯）①	实施国家主导的政策能力取决于税收和强制力，实施过程中做出有效的官僚决策。所有这些能力依赖于有效的官僚机构	财政/强制/行政能力
1997	世界银行②	承担并促进集体行动有效性的能力	行政能力
2002	Centeno（森特诺）③	相关政治团体实施其意愿的能力	行政能力
2003	Fearon（费伦），Laitin（莱廷）④	政府警察和军事能力，并使政府机构深入农村地区的能力	强制/官僚能力
2004	福山	国家计划并执行政策的能力，透明有效的法律体系	行政/法律能力
2007	Besley（贝斯利），Persson（佩尔松）	高的国家能力意味着好的产权和合同制度的执行	法律/财政能力
2010	Cardenas（卡德纳斯）⑤	国家从公众收取税收的能力	财政能力
2010	Kocher（科赫）⑥	强国的五大特征：①中央集权；②财富和税收能力；③职业化官僚机构；④更少的体制约束；⑤强大的军队	强制/财政/行政能力
2010	DeRouen 德龙等⑦	国家在面临可能的抵制下实施其目标的能力	强制能力

续表

时间（年）	学者	国家能力概念	强调职能维度
2011	Besley（贝斯利），Persson（佩尔松）	国家实施有利于人民的各项政策的能力	强制/法律/财政能力
2013	Knutsen 克努森[⑧]	通过有效官僚机构实施公共政策的能力	行政/法律/财政能力
2013	福山	对官僚机构的投入，例如政府官员的教育水平	行政能力
2015	Savoia（萨沃亚）和 Sen（森）	官僚和行政能力、法律能力、基础设施能力、财政能力和军事能力	官僚/行政/法律/财政能力
2017	Johnson（约翰逊），Koyama（小山）	国家收税、执法和提供公共物品的能力	财政/法律能力

数据来源：笔者整理。

注：①GEDDES B. Politician's dilemma: building state capacity in Latin America [M]. California: University of California Press, 1996.

②WORLD BANK. World development report 1997: the state in a changing world [M]. World Bank Group, 1997.

③CENTENO M. Blood and debt: war and the nation-state in Latin America [M]. State College: Penn State Press, 2002.

④FEARON J, LAITIN D. Ethnicity, insurgency, and civil war [J]. American political science review, 2003, 97 (1): 75-90.

⑤CARDENAS M. State capacity in latin america [J]. Economía, 2010, 10 (2): 1-45.

⑥KOCHER M. State capacity as a conceptual variable [J]. Yale J. Int'l Aff., 2010, 5: 137.

⑦DEROUEN K, FERGUSON M, NORTON S, et al. Civil war peace agreement implementation and state capacity [J]. Journal of peace research, 2010, 47 (3): 333-346.

⑧KNUTSEN C. Democracy, state capacity, and economic growth [J]. World development, 2013 (43): 1-18.

尽管国家能力的职能指标分类不完全统一，但作为国家从社会中获取财政资源的基本能力，财政能力始终是国家能力指标体系中总体国家能力的基础。增强财政能力是国家建构的首要问题，也是其他国家能力得以实施的前提条件①。此外，经济学家研究国家能力时多采用制衡性思路，即以法律能力

---

① 王绍光. 国家汲取能力的建设：中华人民共和国成立初期的经验 [J]. 中国社会科学, 2002 (1): 77-93.

制约政府通过财税从经济中的无节制的抽取财富，同时法律能力也有助于保护产权，促进生产能力和效率的提高。基于此，同时为便于实证的定量刻画，本书将国家能力的研究也界定在财政能力和法律（或生产）能力的维度上。

三、国家能力的衡量指标

从对国家能力的定义可以看出，国家能力是国家权力的一个或者多个维度的组合，包括：行政能力、财政获取能力、产权保护能力、官僚机构质量、法律能力、基础设施能力以及微观和宏观经济管理绩效等。基于此，经济学文献中关于国家能力的实证研究运用了不同的指标衡量国家能力，分别衡量了国家能力维度的一个或多个方面。本书集中讨论了具有代表性的衡量指标，并在表2-2中给出了经济学文献中就国家能力进行衡量的更广泛的概述，包括衡量方法、数据来源和所强调的维度等。

表2-2 文献中国家能力的衡量（按时间顺序）

年份	学者	国家能力衡量方法	数据来源	强调维度
1975	Evans（埃文斯），Rauch（劳赫）	公务员薪资安排和职业路径	韦伯式国家数据库	行政能力
2001	Acemoglu（阿西莫格鲁）等	行政约束：征用风险的评估调查	ICRG（国家风险国际指南）	法律能力
2002	Centeno（森特诺）	铁路密度	Goyer（高耶）等（1983）	行政能力
2003	Bockstette（博克斯泰特）等	国家古老指数	作者计算	通用
2003	Fearon（费伦），Laitin（莱廷）④	人均GDP（国内生产总值）对数	WDI（世界发展指标数据库）	通用
2008	Back（巴克）和Hadenius（哈德民乌斯）	官僚质量和腐败控制	ICRG（国家风险国际指南）	行政能力
2008	Besley（贝斯利），Persson（佩尔松）	①税收占GDP（国内生产总值）的比重；②所得税占税收的比重	Baunsgaard（包恩斯格尔）和Keen（基恩）（2005）	财政能力

续表

年份	学者	国家能力衡量方法	数据来源	强调维度
2009	Besley（贝斯利），Persson（佩尔松）	①私人信贷占GDP（国内生产总值）的比重；②信贷排名；③投资保护排名；④政府反转移政策指数；⑤1-贸易税的比重；⑥1-（贸易税+间接税）的比重	King（基恩）和Levine（莱文）（1993）；Doing Business（世界银行《全球商业环境报告》）；ICRG-PRS（国家风险国际指南——美国政治风险服务集团）；IMF（国际货币基金组织）/WDI（世界发展指标数据库）	法律/财政能力
2010	Fortin（福廷）	①腐败水平；②产权保护质量；③税收收入占GDP（国内生产总值）的比重；④基础设施改革进程；⑤非现金供给占货币供给的比重	CPI-TI（全球清廉指数——透明国际）；Heritage Fou-ndation（美国传统基金会）；IMF（国际货币基金组织）；EBRD（欧洲复兴开发银行）	行政/法律/财政/基础设施能力
2010	Buhaug（比海丁格）[①]	相对政治能力，实际税收占预期税收留比重	Kugler（库格勒）和Arbet-man（阿尔贝特曼）（1997）	财政能力
2010	Kocher（克歇尔）	①军队实力；②官僚职业化；③财富和税收能力；④公路网络；⑤体制约束	笔者计算	行政/财政/基础设施能力
2010	Hamm（哈姆），King（金）	自杀率作为国家能力的代理变量	WHO（世界卫生组织）	通用
2010	Cardenas（卡德纳斯）	①全部收入占GDP（国内生产总值）的份额；②所得税收入占GDP（国内生产总值）的份额；③国内税收占全部税收份额；④Doing business（世界银行《全球商业环境报告》）指数；⑤政府有效性；⑥哥伦比亚国家能力调查	GFS/IMF（国际货币基金组织）；ICRG（国家风险国际指南）；Doing business（世界银行《全球商业环境报告》）；WGI（全球治理指数）；Berkman（伯克曼）等（2008）	财政/行政能力

续表

年份	学者	国家能力衡量方法	数据来源	强调维度
2011	Cardenas（卡德纳斯）等②	①税收收入占 GDP 的份额；②所得税占 GDP 的份额；③政府质量指数；④公路的税收收入和支出	IMF；政府机构质量；ICRG	财政/法律能力
2011	Besley（贝斯利）和Persson（佩尔森）	繁荣支柱指数	作者计算	财政/法律能力
2012	Knutsen（克努森）	①1997 年产权保护指数；②1999 年全部税收占 GDP 比重；③官僚质量指数；④国家古老指数	ICRG-PRS, IMF, ICRG-PRS, Bockstette 等（2002）	法律/财政/行政能力

数据来源：笔者整理。

注：①BUHAUG H. Where's my conflict? lsg, relative strength, and the location of civil war [J]. Conflict management and peace science, 2010, 27（2）：107-128.

②CARDENAS M, ESLAVA M, RAMÍREZ S. External wars, internal conflicts and State capacity: panel data evidence [R]. Latin America Initiatives at Brookings, 2010.

通常有三种方法衡量国家能力：选择单一的代理指标进行衡量；选择一个变量衡量国家能力的单一维度；选择一个复合指数衡量国家能力的多个维度（或对不同维度采用不同的衡量指标）。

第一种方法出现在早期国际关系的文献中，文献使用某些与国家能力有密切关联的可量化指标作为代理变量。例如，费伦和莱廷使用人均 GDP（国内生产总值）衡量国家能力①，森特诺使用铁路密度作为国家能力代理变量②，而哈姆和金使用自杀率等指标衡量国家能力③。虽然诸如此类的衡量指标可以捕获国家能力的某些方面，但其中一些代理变量与国家能力的一般概

① FEARON J, LAITIN D. Ethnicity, insurgency, and civil war [J]. American political science review, 2003, 97（1）：75-90.

② CENTENO M. Blood and debt: war and the Nation-State in Latin America [M]. State College: Penn State Press, 2002.

③ HAMM P, KING L, STUCKLER D. Mass privatization, state capacity, and economic growth in post-communist countries [J]. American sociological review, 2012, 77（2）：295-324.

念相去甚远，因此在经济学主流文献中转而使用更为直接和准确的指标进行度量。

第二种是经济学文献中最常见的衡量国家能力的方法，其要点是侧重衡量国家能力的一个方面（通常情况下是财政能力）。最常见的衡量指标是使用政府税收收入占 GDP 的比重作为财政能力的代理指标。此外，衡量财政能力的客观指标是使用直接税占总税收的份额作为财政能力的代理变量。林德特认为，税收制度的历史演变与当前富国和穷国之间税收制度的差异有着重要的相似之处。税收制度的历史性转变是从贸易和消费税的间接税向以直接税为特征的征税方式转变，这一转变使税收成本大幅度降低。因此，直接税的份额是区分强大财政国家和薄弱财政国家的一个关键特征[1]。此外，法律能力和官僚行政能力也是国家能力的重要维度，评估一国的法律制度和政府质量也是文献构建指标的出发点。如加拿大的知名智库弗雷泽研究所（Frazer Institute）结合调查和专家意见构建了法律制度和产权指标，该指标取值范围为 1—10，更高的数值代表了更好的产权保护，全球 137 个国家从 1970 年到 2008 年均有对应的数值。本书在运用中国数据进行实证分析时，也采用了文献通用的做法，重点考察国家能力的财政维度。

第三种是构建加总指数用以反映国家能力的不同维度。福廷将腐败（行政能力）、产权保护（法律能力）、税收措施（财政能力）和基础设施改革（基础设施能力）结合起来[2]。科赫诉诸军队的权力（强制能力）、官僚的专业主义（行政能力）、税收（财政能力）、道路网络（基础设施能力）和对行政的约束（法律能力）。ICRG 提出的相关指数是对国家能力各方面的主观评估，主要包括：法律、行政和官僚能力[3]。贝斯利和佩尔松提出的繁荣支柱指数（Pillars of Prosperity Index）衡量国家能力也是综合了国家能力的各方面[4]。他们使用客观的所得税占税收份额来衡量财政能力，司法能力则采用"营商环境调查"中的契约执行指标，把国家能力定义为财政能力和司法能力的简

---

[1] LINDERT P. Growing public: social spending and economic growth since the 18ht century [M]. Cambridge: Cambridge University Press, 2004.

[2] FORTIN J. A tool to evaluate state capacity in post-communist countries, 1989—2006 [J]. European journal of political research, 2010, 49 (5): 654-686.

[3] https://www.prsgroup.com/explore-our-products/international-country-risk-guide/.

[4] BESLEY T, PERSSON T. Pillars of prosperity: the political economics of development clusters [M]. Princeton: Princeton University Press, 2011.

单平均数。

此外，如导论中指出的，经济史分析对于国家能力至关重要。博克斯泰特等指出国家能力的变化是一个缓慢现象，国家能力上的差异源于长期的历史进程，这些进程既产生了早期的国家制度，也为现代经济增长奠定了基础[1]。据此，博克斯泰特等在文中构建了一个衡量国家能力的指数，称之为国家古老指数（state antiquity index）。他们发现该指数与政治稳定性和官僚品质相关，是衡量国家能力很好的代理变量，未来的研究可以利用这一变量解决经济计量问题，如反向因果关系和遗漏变量问题。本书在跨国面板数据回归中，即使用该指数作为衡量国家能力的代理变量。

四、国家能力的决定因素

是什么使有效国家得以建立国家具有充分的国家能力？答案是这些国家能够提供基本的公共产品并能保障有效产权。回顾发展经济学和政治经济学文献，有五大类因素决定了一国国家能力的强弱，涉及历史、文化、社会资本、地理和政治经济学等方面的解释。

（一）历史因素

许多研究强调了深刻的、潜在的历史因素对国家能力建构的重要性。世界上国家能力强的国家往往历史上存在长期中央集权的政治体制[2][3]；而在缺乏中央集权历史的国家中，国家能力薄弱，贫困问题尤其普遍[4][5]。上文介绍的国家古老指数作为衡量国家能力的指标也是基于历史决定国家能力的先验直觉。具体说，这些学者将公元1年到1950年的149个国家的历史，以每50年划分为一个周期，在每个周期考察是否存在部落水平以上的政府，该政府是本国的还是外国的，以及该政府统治着多大面识的领土，据此给每个国家

---

[1] BOCKSTETTE V, CHANDA A, PUTTERMAN L. States and markets: the advantage of an early start [J]. Journal of economic growth, 2002, 7 (4): 347-369.

[2] BORCAN O, OLSSON O, PUTTERMAN L. State history and economic development: evidence from six millennia [J]. Journal of economic growth, 2018, 23 (1): 1-40.

[3] DINCECCO M, KATZ G. State capacity and long-run economic performance [J]. The economic journal, 2012, 126 (590): 189-212.

[4] HERBST J. States and power in africa: comparative lessons in authority and control [M]. Princeton: Princeton University Press, 2000.

[5] MICHALOPOULOS S, PAPAIOANNOU E. Pre-colonial ethnic institutions and contemporary african development [J]. Econometrica, 2013, 81 (1): 113-152.

在每个周期分配分数。之后将每个子周期的分数彼此相乘，再加总加权求和，其中时间越遥远，赋予的权重越小，从而得到每个国家的古老指数。学者们发现国家能力对现代经济增长有很好的解释力。之后昌达和普特曼①以及普特曼和韦尔在方法和范围上对该指数进行了修正，包含了更多的国家，目前已有第3版的修订指数数据②面世。

此外，一系列关于国家能力的历史研究强调了外部冲突的作用③。查尔斯·梯利的名言"战争制造国家，国家制造战争"（War made State, State made War）即是对战争作用的生动描述④。贝斯利和佩尔松认为，在一个群体争夺权力的社会中，战争的发生刺激了对公共产品的需求，而这反过来又增强了投资财政和法律能力的动机⑤。卡德纳斯等通过时间序列数据验证，外部冲突对国家能力有正向影响，而内部冲突对国家能力有负向影响⑥。他们对两个面板数据进行了 GMM（广义矩估计）回归：其中一个面板覆盖了 188 个国家（1975—2004 年）；另一个面板覆盖了哥伦比亚市区。他们发现，内部冲突对财政能力和公共产品供给产生了负面影响；同时，外部冲突对国家能力和公共品供给的影响却并不显著。丁塞科广泛研究了欧洲国家能力的历史决定因素。丁塞科分析了财政集权和有限政府降低主权信用风险的机制⑦。丁塞科认为，制度类型降低主权信用风险的机制是通过降低预算赤字来进行的⑧。丁塞科探讨了 1650 年至 1913 年欧洲财政能力的历史决定因素，通过建立理论框架，解释了武装冲突如何激励君主建立有效的财政基础设施。具体说，国家

---

① CHANDA A, PUTTERMAN L. Early starts, reversals and catch-up in the process of economic development [J]. Scandinavian journal of economics, 2007, 109 (2): 387-413.

② PUTTERMAN L, WEIL D. Post-1500 population flows and the long-run determinants of economic growth and inequality [J]. Quarterly journal of economics, 2010, 125 (4): 1627-1682.

③ SPRUYT H. The origins, development, and possible decline of the modern state [J]. Annual review of political science, 2002 (5): 127-149.

④ TILLY C. Coercion, capital, and european states, AD 990-1990 [M]. New York: Oxford University Press, 1990.

⑤ BESLEY T, PERSSON T. The origins of state capacity: property rights, taxation and politics [J]. American economic review, 2009, 99 (4): 1218-1244.

⑥ CARDENAS M, ESLAVA M, RAMREZ S. External wars, internal conflict and state capacity: panel data evidence [R]. Latin America Initiative, 2011.

⑦ DINCECCO M. Fiscal centralization, limited government, and public revenues in europe, 1650—1913 [J]. Journal of economic history, 2009: 69 (1): 48-103.

⑧ DINCECCO M. The political economy of fiscal prudence in historical perspective [J]. Economics & politics, 2010: 22 (1): 1-36.

在领土扩张的同时，也面临着外部攻击和内部叛乱的威胁，君主要求增加军事开支。对更大税收的迫切需要意味着提高税率或扩大税基①。因此，战争是促使欧洲国家扩大财政能力的重要原因。

还有学者研究了法律的历史起源与国家能力之间的关系。拉波尔特等认为，历史上英美法系相比于大陆法系具有更高的司法独立性，有助于更好地保护财产权，建立一个更有效的国家②。查伦等提供了关于国家形成如何影响行政基础设施的另一个视角。他们从关于16世纪到18世纪欧洲国家形成的历史中观察到，不同的历史进程要么源自世袭式的国家基础设施，要么源自官僚式的国家基础设施。他们认为，最初建立的国家职能类型产生了一种路径依赖效应，会影响其他制度，也会影响任何法律框架的效果。他们不否认拉波尔特等的法律起源理论，但认为影响制度质量的根本原因是所建立的行政管理类型。例如，拉丁美洲的许多国家是通过征服行动并确立了法律传统之后形成的③。

(二) 文化因素

文化是第二个值得强调的因素。第一，文化价值观是极其持久的④；第二，正如关于价值观代际传递的文献所述，文化持久性的一个重要机制是父母对子女文化价值观的传递⑤；第三，文化价值观和制度变革存在互补性，可能为改革制度的尝试之所以有时成功有时失败提供有力的解释⑥。

值得进一步考察的一个假设是，建立有效国家包含文化因素，政治独立或自治历史对今天国家能力的建设很重要。塔贝里尼证明了包容的政治制度

---

① DINCECCO M. Political transformations and public finances: europe, 1650—1913 [M]. Cambridge: Cambridge University Press, 2011.

② LA PORTA R, LOPEZ F, SHLEIFER A, et al. The quality of government [J]. Journal of law economics and organization, 1999, 15 (1): 222-279.

③ CHARRON N, DAHLSTRM C, LAPUENTE V. No law without a state [J]. Journal of comparative economics, 2012, 40 (2): 176-193.

④ GUISO L, SAPIENZA P, ZINGALES L. Alfred marshall lecture social capital as good culture [J]. Journal of the european economic association, 2008, 6 (2): 295-320.

⑤ BISIN A, VERDIER T. The economics of cultural transmission and the dynamics of preferences [J]. Journal of economic theory, 2001, 97 (2): 298-319.

⑥ GREIF A. Cultural beliefs and the organization of society: a historical and theoretical reflection on collectivist and individualist cocieties [J]. Journal of political economics, 1994, 102 (5): 912-950.

传统在区域层面上塑造了欧洲的文化①。相反,独裁或攫取性制度会破坏政治价值。薛梦和小山对清朝的迫害进行了研究。他们发现,迫害减少了地方一级慈善组织的数量,并对地方公共福利地提供以及政治活动和国家的文化态度产生了长期的影响。对文化的充分、深入、全面理解将使我们更好地理解它在什么时候和什么地方对国家发展的形成起着重要的作用②。

（三）社会资本因素

还有学者将国家能力与社会资本联系起来。如普特南和福山等社会科学家强调社会资本对自由民主国家成功的重要性③④。提出了社会资本与政治和国家制度能力的关系问题。在分析自然国家（Natural States）和开放进入秩序（open access orders）的转换时,诺斯等相当重视开放进入秩序的能力,使独立于国家的组织得以出现。这与压制此类组织并将民间社会视为其政治权力威胁的自然国家形成对比。

研究表明,有效的国家能力和社会资本之间具有重要的互补性。阿西莫格鲁和罗宾逊着重研究了国家和社会的共同进化及其孕育出的包容性制度。他们认为,繁荣富饶的公民社会既是国家成功发展的必要条件,也是对其重要的补充。他们认为,"例如都铎王朝的建立,是因为公民社会有社会规范约束它。社会要求国家伸张正义,救济穷人。正如社会影响国家一样,国家也影响社会"⑤。这是一个重要的论点,它指出,在欧洲历史上,有效国家与富裕发达的民间社会之间存在互动,共同参与国家治理。说明了为什么试图将市场或民主制度移植到没有经历过这种发展的社会中,往往会失败的原因。

（四）地理因素

除历史、文化和社会资本因素外,还有文献强调地理资源环境对国家能力建设的决定作用。阿西莫格鲁等在研究欧洲殖民者在非洲建立殖民地策略时指出,疾病环境决定了殖民策略和治理结构类型。如果定居者的死亡率很

---

① TABELLINI G. Presidential address: institutions and culture [J]. Journal of the european economic association, 2010, 6 (2): 255-294.

② XUE M, KOYAMA M. Autocratic rule and social capital: evidence from imperial china [R]. Working Paper, 2016.

③ PUTNAM R. Making democracy work: civic traditions in modern italy [M]. Princeton: Princeton University Press, 1994.

④ FUKUYAMA F. Trust: the social virtues and the creation of prosperity [M]. New York: The Free Press, 1995.

⑤ ACEMOGLU D, ROBINSON J. Paths to inclusive political institutions [R]. Mimeo, 2016.

高,殖民者就会建立攫取性制度,不以追求产权保护或有效公共产品供给为目的,而仅追求尽可能多地获得收入,因而难以发展出持久的财政能力[①]。伊沙姆等认为,对于自然资源丰富的国家,国民收入的很大一部分来自自然资源,投资于财政和法律能力的动机较低,会加剧经济和社会分化,削弱制度能力。他们还发现,这些国家的政府效能和法治更差,而且发展更为缓慢[②]。宋传辉和守口、小山等分别将地理和地缘因素视为19世纪下半叶中日两国出现历史小分流(little divergence)的重要决定因素,他们据此分别构建了理论模型,说明由于地理因素的差异造成了两国国家能力的差异[③][④]。在本书第三章国家能力的历史比较分析中还会对他们的文献做进一步的引用和概述。

(五) 政治经济学因素

地理因素虽然可以解释国家能力的横截面变化,但无助于使人理解为什么随着时间的推移国家能力可能改变,同时其政策含义较弱,因为地理因素是十分稳定的。政治经济学因素也许是一个更有意义的角度,以理解国家能力的变化或停滞不前。不同文献从不同角度强调政治经济学因素的作用。恩格曼和索科洛夫认为,经济不平等不利于拉丁美洲各国法律和财政能力的融合。富裕的少数群体能够建立一个基本法律框架,确保他们在政治权力中占有不相称的份额,并利用这种影响力建立规则、法律和其他政府政策,使他们比其他人更容易获得经济机会[⑤]。阿西莫格鲁等也强调经济不平等的作用,富人通过特定的政治经济机制限制再分配,作为国家结构中的精英阶层,他们从中获得租金。同时,在政治经济学解释中,精英的作用至关重要,因为他们的行为和所面临的激励类型事关对国家能力的投资和积累[⑥]。罗宾逊认

---

① ACEMOGLU D, JOHNSON S, ROBINSON J. The colonial origins of comparative development: an empirical investigation [J]. American economic review, 2001 (91): 1369-1401.

② ISHAM J, WOOLCOCK M, PRITCHETT L, et al. The varieties of resource experience: natural resource export structures and the political economy of economic growth [J]. World bank economic review, 2005, 19 (2): 141-174.

③ SNG T, MORIGUCHI C. Asia's little divergence: state capacity in China and Japan before 1850 [J]. Journal of economic growth, 2014, 19 (4): 439-470.

④ KOYAMA M, MORIGUCHI C, SNG, et al. Geopolitics and Asia's little divergence: a comparative analysis of state building in China and Japan after 1850 [R]. Mimeo, 2015.

⑤ ENGERMAN S, SOKOLOFF K. Factor endowments, inequality and paths of development among new world economies [R]. NBER Working Paper 9259, 2002.

⑥ SVENSSON J. Investment, property rights and political instability: theory and evidence [J]. European economic review, 1998, 42 (7): 1317-1341.

为，强国提高或抑制生产效率取决于精英对国家能力的使用方式①。

有关政治经济学因素的实证计量分析侧重于分析民主对国家能力的影响，但是所得结论似乎模棱两可。贝斯利和佩尔松认为，在民主国家，公民享有实质性的代表权，行政权力也因此受到制衡②。因此，统治者倾向于促进共同利益，而不是利用国家来保持权力。阿塞拉等利用衡量国家能力的 ICRG 数据，提出了自由和公平的选举与更好国家治理相关联的证据③。然而，民主的作用是有争议的。巴克和哈德纽斯提出了一个民主和国家能力关系的统计分析。他们发现了两者之间的 J 型关系，即当民主在低水平上时对国家能力有负面影响，当其在高水平上时对国家能力有强烈的正面影响④。查伦和拉普恩特分析了民主对政府质量的影响。政府质量与国家能力在一定程度上可互换使用，并将其定义为："一个国家有效开展其活动而不存在腐败的能力。"他们认为，民主对政府质量的影响取决于国家的富裕程度。在一定的财富门槛之下，政府没有投资官僚禀赋的动机，而在更富裕的国家，变得更加明智。这一结果得到多国时间序列和截面数据的支持⑤。

第二节　国家能力与现代经济发展绩效的研究

贝斯利和佩尔松的研究引起了人们对人均 GDP 和国家能力指标之间重要相关性的关注⑥。阿西莫格鲁和罗宾逊写道，现在已经广泛认识到贫穷国家缺乏国家能力是其发展进程的一个基本障碍。大多数贫穷国家无力提供基本的

---

① ROBINSON J. States and power in africa by jeffrey i. herbst: a review essay [J]. Journal of economic literature, 2002, 40 (2): 510-519.

② BESLEY T, PERSSON T. The origins of state capacity: property rights, taxation, and politics [J]. American economic review, 2009, 99 (4): 1218-1244.

③ ADSERA A, BOIX C, PAYNE M. Are you being served? political accountability and quality of government [J]. Journal of law, economics & organization, 2003, 19 (2): 445-490.

④ BACK H, HADENIUS A. Democracy and state capacity: exploring a j-shaped relationship [J]. Governance, 2008: 21 (1): 1-24.

⑤ CHARRON N, LAPUENTE V. Does democracy produce quality of government?　[J]. European journal of political research, 2010: 49 (4): 443-470.

⑥ BESLEY T, PERSSON T. Pillars of prosperity: the political economics of development clusters [M]. Princeton: Princeton University Press, 2011.

公共物品，例如，法律、秩序、教育和基础设施等①。本节尝试归纳国家能力与现代经济发展绩效的联系机制，并概括相关的实证研究成果。

一、国家能力促进现代经济增长的机制

已有文献指出，国家能力促进现代经济增长主要有三种机制，一是通过国家能力与市场之间的互补；二是通过建立有效官僚制度促进经济增长；三是通过一般规则和法治的约束促进经济增长。

（一）国家能力与市场的互补机制

运行良好的市场不仅是资源有效配置的必要条件，而且是经济长期持续增长的必要条件，但市场不能在制度真空中运行。它要求产权得到明确界定和执行，并依赖能够仲裁索赔和争议的政府制度。根据马克斯·韦伯的经典定义："（国家）是唯一合法使用暴力的垄断组织"②，因而强大的国家能力是制定维持市场运行制度的保障。历史记录表明，工业革命时期，商业和贸易越来越受到公共秩序制度的约束。因此，西欧现代经济增长不能脱离公共秩序制度在这一时期发挥的巨大作用。这一机制在中国改革开放以来的发展中的体现尤为明显。中国的政府与市场关系并非简单的政府失灵或市场失灵的问题，也不是政府替代市场或市场替代政府的选择问题。中国面临的实际处境是市场一直在政府管制和权力干预下运行和发展，市场与政府之间"相互纠缠"在一起，关键在于如何打破制度束缚，市场本身无法为自己松绑，而需要政府主导来完成③。因此中国政府的作用也不限于提供公共产品和弥补市场失灵，同时也是市场的创造者和商业的组织者④。中国强大的国家能力决定了中国能在40多年的时间里走完西方发达国家几百年的工业化进程之路。

（二）有效官僚制度的促进机制

自马克斯·韦伯以来，学者们一直声称，现代官僚体制的建立是1800年后欧洲出现现代国家的重要因素，也是国家能力提升的表现⑤。然而，现代国家的出现并不必然带来持续的经济增长。如18世纪英国和19世纪美国的持续

---

① ACEMOGLU D, ROBINSON J. Why nations fail: the origins of power, prosperity and poverty [M]. New York: Random House, 2012.
② 马克斯·韦伯. 经济与社会 [M]. 上海人民出版社，2019.
③ 周黎安. 转型中的地方政府：官员激励与治理：第2版 [M]. 上海：格致出版社，2016.
④ WEN Y. China's rapid rise [J]. The regional economist, 2016, 24 (2): 8-14.
⑤ WEBER M. Economy and society [M]. New York: Bedminster, 1968.

增长即早于两国现代官僚制的发展①。官僚机构面临着一系列信息和激励问题。

那么，官僚机构如何才能促进现代经济增长？关键在于"有效"。这里有几点值得强调。第一，必须提供有效的服务。即使国家活动的范围受到严格限制，官僚机构的质量也很重要②。第二，拥有有效行政机制的国家更有能力克服既得利益，抵制寻租。阿西莫格鲁和罗宾逊研究表明，潜在输家阻止改革或创新的企图在阻碍经济增长方面发挥了重要作用③。第三，有效的官僚制度能够提高征税的能力，而这种能力不会造成太多无谓损失。财政能力强的国家可以在不造成大幅扭曲的方式下增加收入④，而这需要一个公正的官僚机构。

（三）一般规则与法治机制

如导论中指出的，强国家能力不一定促进经济增长。能力强的国家可能推行破坏性的经济政策。只有当国家受到一般规则和法律约束时，国家能力才有利于经济增长。当然，高能力国家更有能力执行一般规则。这种能力与法治密切相关。诺斯将法治置于经济学和政治学讨论的前沿⑤。阿西莫格鲁和罗宾逊理解的法治通常与"包容性制度"或对政府权力的约束联系在一起，强调一般和稳定规则的重要性⑥。哈耶克指出，由于一般规则是可预测的，因此可最大化个人自由的范围，限制统治者的任意权力⑦。

低国家能力无法或强制执行一般规则。虽然高能力国家不一定执行一般规则，但历史文献表明，随着统治者对国家能力进行投资，他们往往面临强大的激励，使规则更加一般化。当这些规则和制度变得更加普遍时，对异质群体适用集中财政和行政规则的成本会降低⑧。

---

① JOHNSON N, KOYAMA M. States and economic growth: capacity and constraints [J]. Explorations in economic history, 2017, 64 (4): 1-20.

② COSGEL M, MICELI J, RUBIN J. The political economy of mass printing: legitimacy and technological change in the ottoman empire [J]. Journal of comparative economics, 2012, 40 (3): 357-371.

③ ACEMOGLU D, ROBINSON J. Political losers as a barrier to economic development [J]. American economic review, 2000, 90 (2): 126-130.

④ LINDERT P. Growing public: social spending and economic growth since the eighteenth century [M]. Cambridge: Cambridge University Press, 2004.

⑤ 道格拉斯·诺斯. 经济史上的结构和变革 [M]. 北京：商务印书馆, 1992.

⑥ ACEMOGLU D, ROBINSON J. Why nations fail: the origins of power, prosperity and poverty [M]. New York: Random House, 2012.

⑦ 哈耶克. 自由宪章 [M]. 北京：中国社会科学出版社, 2012.

⑧ ACEMOGLU D, ROBINSON J. Why nations fail: the origins of power, prosperity and poverty [M]. New York: Random House, 2012.

二、国家能力影响现代经济发展绩效的实证研究

前文对国家能力促进现代经济增长的机制进行了说明，而现实中国家能力对现代经济发展究竟有无影响呢？不同文献聚焦国家能力的整体或者某一方面，对不同的发展成果指标展示了实证研究，表2-3概括了国内外学者实证研究所采用的方法和主要结论。

表2-3 国家能力影响经济发展绩效的实证研究

代表发展绩效的被解释变量	作者与年份	实证数据	方法	主要结论
收入水平	Ranch（劳赫），Evans（埃文斯）（1999）	1970—1990年35个发展中国家截面数据	OLS（普通最小二乘法）	以官僚招募和可预见、有回报的职业阶梯为特征的国家官僚机构与更高的增长率相关
	Dincecco（丁塞科），Prado（普拉多）（2012）	1990—2000年96个国家截面数据	OLS（普通最小二乘法）和IV（工具变量法）	控制内生性后，财政能力的变化解释了长期的生产率水平变化
	张晓晶，等（2018）	1995—2014年50个国家面板数据，1997—2014年中国省级面板数据	OLS（普通最小二乘法）	高收入阶段，扭曲抑制TFP（全要素生产率）增长抑制效应；中等收入阶段，扭曲促进TFP（全要素生产率）增长。中国市场化程度提升对TFP（全要素生产率）增长先抑制、后促进
国家治理	马骏和温明月（2012）①	1996—2008年50个非洲国家面板数据	OLS（普通最小二乘法）	一国税租比越大，治理质量越高；从非民主政体向民主政体转变将会带来治理质量提升
投资	Cavallo（卡瓦洛）和Daude（多德）（2011）②	1980—2006年116个发展中国家面板数据	GMM-IV（广义矩估计—工具变量法）	在官僚机构和法治较强的地方，公共投资的挤出效应较小，甚至可以逆转

续表

代表发展绩效的被解释变量	作者与年份	实证数据	方法	主要结论
经济危机	Du（杜）（2010）③	1970—1999年69个国家数据	OLS（普通最小二乘法）和Probit（概率回归模型）	历史机构（反映了法律渊源和定居者的死亡率）能预测货币和实际危机的发生和强度
	Acenmoglu（阿西莫格鲁）等（2003）④	1970—1999年64个前殖民地国家截面数据	OLS（普通最小二乘法）和IV（工具变量法）	在通过政治制衡追究政府责任的制度中，汇率不易错位，通货膨胀和预算赤字较小，而且产权得到更有效保护，腐败现象更少
收入分配	Amendola（阿门多拉）等（2013）⑤	1970—2004年47个发展中国家面板数据	OLS（普通最小二乘法）和LSDV（最小二乘虚拟变量）	产权增加了收入不平等，但在民主国家的影响较小
	Chong（种）和Calderon（卡尔德隆）（2000）⑥	70个国家截面数据	OLS（普通最小二乘法）和IV（工具变量法）	法律能力和官僚能力的驼峰型关系
贫困	Chong（种）和Calderon（卡尔德隆）（2000）	49个国家截面数据	OLS（普通最小二乘法）和IV（工具变量法）	国家能力的提高降低了贫困程度和发生率
	Tebaldi（泰堡迪）和Mohan（莫汉）（2010）⑦	147个国家截面数据	OLS（普通最小二乘法）和IV（工具变量法）	国家能力的提高降低了贫困水平

续表

代表发展绩效的被解释变量	作者与年份	实证数据	方法	主要结论
健康和教育	Dawson（道森）（2010）[8]	1990—2005年93个国家数据	LSDV（最小二乘虚拟变量）	加强法治可降低儿童死亡率。财政能力对此没有重大影响
	Rajkumar（拉吉库马尔）和Swaroop（史瓦鲁普）（2008）[9]	1990—2003年91个国家数据	OLS（普通最小二乘法）	在官僚机构和腐败严重的国家，公共支出对健康和教育没有影响

数据来源：作者整理。

注：[1]马骏，温明月. 税收、租金与治理：理论与检验 [J]. 社会学研究，2012，27（2）：86-108.

[2]CAVALLO E, DAUDE C. Public investment in developing countries: a blessing or a curse? [J]. Journal of comparative economics, 2011, 39 (1): 65-81.

[3]DU J. Institutional quality and economic crises: legal origin theory versus colonial strategy theory [J]. The review of economics and statistics, 2010, 92 (1): 173-179.

[4]ACEMOGLU D, JOHNSON S, ROBINSON J, et al. Institutional causes, macroeconomic symptoms: volatility, crises and growth [J]. Journal of monetary economics, 2003, 50 (1): 49-123.

[5]AMENDOLA A, EASAW J, SAVOIA A. Inequality in developing economies: the role of institutional development [J]. Public choice, 2013, 155 (1): 43-60.

[6]CHONG A, CALDERON C. Institutional quality and poverty measures in a cross-section of countries [J]. Economics of governance, 2000, 1 (2): 123-135.

[7]TEBALDI E, MOHAN R. Institutions and poverty [J]. The journal of development studies, 2010, 46 (6): 1047-1066.

[8]DAWSON A. State capacity and the political economy of child mortality in developing countries revisited: From fiscal sociology towards the rule of law [J]. International journal of comparative sociology, 2010, 51 (6): 403-422.

[9]RAJKUMAR A, SWAROOP V. Public spending and outcomes: Does governance matter? [J]. Journal of development economics, 2008, 86 (1): 96-111.

第三节 文献评述

前两节对国内外有关国家治理与国家能力关系、国家能力的界定、国家能力影响现代经济发展的机制等方面的实证研究文献进行了概括和梳理。总体看,在有关国家能力内涵和与经济发展关系方面,已有研究在理论和实证方面均取得了丰硕成果。但是在研究内容、方法和视角上仍存在不足之处,有待进一步深入与完善。

第一,已有文献强调国家能力与市场制度之间的互补,是提高国家能力且能带来经济增长的机制之一。但是政府与市场的关系并不全然互补,换言之,提高国家能力与持续经济增长的联系是有条件的:取决于国家政策是否补充了市场和市场支持制度。当一国试图用国家直接替代市场时,通常不会有积极效果。这一点在中国近代经济发展中有深刻体现。自1949年以来,中国一直保有较强的国家能力,但在计划经济时期,国家能力的提高压抑了市场的发展,没有带来太多的经济增长;而自1978年实行市场化改革后,国家能力与市场形成积极的补充,成就了中国40多年来的高速发展。因此,国家能力是一把双刃剑,只有使用得当才能促进经济增长。阿西莫格鲁通过理论模型表明过高或者过低的国家能力,均可能降低私人投资积极性和生产效率,不利于经济增长[1]。在下文的实证分析中,本书将运用中国数据为该观点提供支持,同时尝试从国家能力视角,探寻中国经济增长转型的机制。

第二,有关发展型政府的文献提供了大量证据,证明集中的政治权力如果使用得当可以促进经济快速稳定的增长。科利发现,成功的后发国家是那些有能力对经济进行精心设计、有选择性地实施干预的国家。正如埃文斯指出的,当国家干预措施缺乏选择性,或与社会中有着共同经济转型目标的群体没有充分联系时,往往会出现失败[2]。张晓晶等也通过实证表明政府的扭曲干预在中低收入阶段可以促进经济增长,而当经济体迈向高收入阶段后,扭

---

[1] ACEMOGLU D. Politics and economics in weak and strong states [J]. Journal of monetary economics, 2005 (52): 1199-1226.

[2] EVANS P. Embedded autonomy: states and industrial transformation [M]. Princeton: Princeton University Press, 1995.

曲干预会阻碍经济增长①。本书试图在此观点上更进一步分析下述问题，如果说政府干预或强大国家能力在经济体不同发展阶段的作用不同，那么当一国处于高收入阶段时，什么因素才能促进经济增长？阿吉翁和豪伊特的模型表明，创新是技术前沿国家的增长源泉②。基于此观点，本书试图通过跨国别数据证明对国家能力和政府的制度性约束有利于技术创新和经济增长。

第三，通过本书对实证文献的梳理会发现，虽然目前已有很多研究国家能力对经济发展影响的成果，包括收入水平、投资、国家治理、收入分配、贫困和健康教育等方面。但是基于中国经验的国家能力实证检验仍相对较少，大多研究仅停留在定性分析层面。因此本书在实证计量部分，运用中国数据检验国家能力的影响，提供来自中国的经验证据，这是对已有研究的有益补充。

第四，关于实证策略，为了方便进行跨国比较，大多数研究使用国家层面的数据评估国家能力对经济绩效的影响。但实证策略的一个关键问题在于处理国家能力的内生性。要处理好反向因果和遗漏变量问题，其挑战在于构造工具变量或自然实验来找到国家能力可能的外生性来源。虽然这是适当的（因为国家能力具有长期性），但在实践中，历史并不总是提供自然实验，不容易构造和说明工具变量的有效性。本书受到丁塞科和普拉多的启发，通过比较中外历史上的国家能力建设过程，运用中国次国家一级的数据③，考虑历史上的战争对国家能力的外生冲击，构造较为有效的工具变量，从而分析国家能力对中国经济增长的影响。

---

① 张晓晶，李成，李奇. 扭曲、赶超与可持续增长：对政府与市场关系的重新审视 [J]. 经济研究，2018，53（1）：4-20.

② AGHION P, HOWITT P. Appropriate growth policy: a unifying framework [J]. Journal of the european economic association, 2006, 4 (2): 269-314.

③ DINCECCO M, KATZ G. State capacity and long-run economic performance [J]. The economic journal, 2012, 126 (590): 189-218.

第三章
国家能力的历史比较分析

近年来，经济学界对理解国家在经济发展中的作用做了不少研究。在发展经济学和政治经济学的文献中，学者普遍认为"历史很重要"。博克斯泰特等指出，有效推动经济发展的国家能力，部分源于非常长期的历史进程，这些进程既产生了早期的国家制度，也产生了近几十年来不同的增长潜力[1]。国家能力的形成是一个渐进的历史过程，虽然诸如财政能力和法律能力等指标能够衡量不同国家的国家能力的高低，但这只是国家能力发展至今的结果，为了充分了解现代国家的演变以及国家能力与经济增长之间的关系，有必要对历史进行"解构"。基于此，本章立足中国，从历史的角度比较中外国家在能力投资上的差异和现代国家的建设过程。

在国家的选取上，本书将中国与日本以及欧洲国家历史上的国家建设进行了比较分析。之所以选择日本，因为历史上日本的发展曾远落后于中国。但在明治维新后，日本的现代化努力取得了成功，经济经历了持续的增长，并最终赶上了西方，而中国自强运动的失败，使得近代中国落后于日本，造成了亚洲的小分流[2]。同样，相比于中日两国之间的小分流，中国和西方在18世纪出现的历史大分流，很早就引起了学界的广泛关注，不同学者从不同角度对这一历史现象给予了解释。因此，本书同样比较分析了中国和欧洲国家历史上的国家能力投资。在分析方法上，本书采取纵向比较和横向比较相

---

[1] BOCKSTETTE V, CHANDA A, PUTTERMAN L. States and markets: the advantage of an early start [J]. Journal of economic growth, 2002, 7 (4): 347-369.

[2] KOYAMA M, MORIGUCHI C, SNG T. Geopolitics and asia's little divergence: a comparative analysis of state building in china and japan after 1850 [R]. Mimeo, 2015.

结合的方式，既在纵向上着眼于长历史时期的国家能力变化，在横向上比较特定时期国家能力的差异。

第一节　中国与日本国家能力建设比较

如前所述，1868年的明治维新被视为中国与日本经济分水岭的起点，中日两国政治发展和国家建设采取了不同的路径，造成了近代两国不同的经济发展成果。在本节我们考察历史上的中日两国国家建设。

一、明治维新前中国与日本的国家能力比较

虽然明治维新造成了中日经济的分流，但最近的研究表明，中日经济差异的根源可以追溯到更远的时间。根据布罗德贝里的研究，日本的人均收入在1800年已经超过中国[1]。表3-1显示了725—1850年中日两国的人均收入对比。从表3-1中可以看出，日本在第二个千年初时的人均收入处于较低的水平，然后经历了间歇性增长模式，先是在1450年至1600年的增长，接下来的增长阶段始于1700年左右，并在1750年之前保持平稳。赞登和列文将该增长模式形容为"持续但并不一致"（persistent but not consistent）的增长[2]。相比之下，中国的人均收入变化轨迹则呈明显的下降趋势。中国在北宋时期是世界人均收入领先者，而到了19世纪已经被日本超越。1800年日本的人均收入为703美元，而中国的人均收入水平为597美元；到1850年，日本增加到777美元，而中国却下降到594美元。不仅如此，汉利和山村指出德川幕府时期日本经济是高度发展的，表现为：以大阪为中心国家级稻米市场的兴起，棉纱、纺织等手工业的区域专业化，劳动分工加强和生产市场化以及江户、大阪和京都等地区的高度城市化[3]。

---

[1] BROADBERRY S, GUAN H, LI D. China, Europe, and the great divergence: a study in historical national accounting, 980—1850 [R]. CEPR Discussion Papers, 2017.

[2] ZANDEN J, LEEUWEN B. Persistent but not consistent: the growth of national income in holland 1347—1807 [J]. Explorations in economic history, 2012, 49 (2): 119-130.

[3] HANLEY S, KOZO Y. A quiet transformation in Tokugawa economic history [J]. Journal of asian studies, 1971, 30 (2): 373-384.

表 3-1 中日人均收入水平（以 1990 年国际美元计价）

	日本	中国
725 年	551	—
900 年	476	—
980 年	—	1247
1020 年	—	1518
1050 年	—	1458
1086 年	—	1204
1120 年	—	1063
1150 年	508	—
1280 年	552	—
1300 年	—	—
1400 年	—	960
1450 年	552	983
1500 年	—	1127
1570 年	—	968
1600 年	605	977
1650 年	619	—
1700 年	597	841
1750 年	622	685
1800 年	703	597
1850 年	777	594

数据来源：BROADBERRY S, GUAN H, LI D. China, Europe, and the great divergence: a study in historical national accounting, 980-1850 [R]. CEPR Discussion Papers, 2017.

此外，通过收集数据，宋传辉和守口的研究表明，1650—1850 年，日本德川幕府时期的人均税收和地方公共产品的提供量明显高于清代中国[①]。图 3-1 显示了中日人均税收的比较，在统一税收单位后，日本德川幕府时期的人均税收显著高于清代中国，并且差距随着时间的推移在扩大。根据估计，

---

① SNG T, MORIGUCHI C. Asia's little divergence: state capacity in China and Japan before 1850 [J]. Journal of economic growth, 2014, 19 (4): 439-470.

鸦片战争前夕，中国政府的年收入（1839—1842年）相当于国民收入的2%，而德川幕府的收入却超过了15%。同样，表3-2为日本德川幕府时期和清代中国的公共物品供给比较。表3-2中的公共物品包括：铸币、交通网络、城市管理、森林保护和饥荒救济。表3-2中显示在人均铸币年产量、每平方公里主干道长度、城市化率、森林覆盖面积和人均粮食储备方面，当时日本的公共品供应均明显高于中国。综合人均税收和公共品的供应量可以看出，在1650—1850年日本的国家能力要显著高于中国。据此，日本相关史学家声称明治维新后日本经济快速增长的基础是在德川幕府期间建立的，因而中国和日本之间的经济分流有其深刻的历史根源。

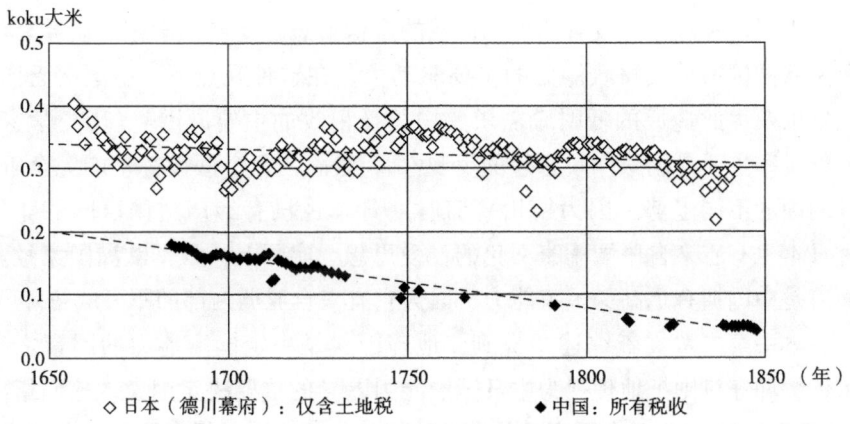

图3-1　中日人均税收比较

资料来源：Sng T, Moriguchi C. Asia's little divergence：state capacity in China and Japan before 1850[J]. Journal of economic growth, 2014, 19（4）：439-470.

注：图3-1中的测算仅适用于德川幕府时期的日本和清代中国。对于日本的税收，图中仅包括土地税。中国的税收，包括土地税、盐税、关税和杂税等。因此，中日两国人均税收的实际差距可能大于图3-1。作者将两国的人均税收单位转化为koku大米（相当于180.4升大米），它被定义为在日本一个成年男子一年中所需的食物量。

表3-2　清代中国与德川幕府时期的公共物品供给比较

国别	中国	日本
铸币	仅有铜币	金、银和铜
铜币年总产量	36.4亿枚（1756—1765年）	10.96亿枚（1764—1788）
人均铜币年产量	15枚（1756—1765年）	35枚（1764—1788）

续表

国别	中国	日本
主干道长度（km）	11 370	1 440
每平方公里长度	0.26	3.37
城市人口（城市化率）	2 050 万人（5.8%）	510 万人（16.5%）
森林覆盖面积（百万公顷）	18.5（1700 年）→9.6（1850 年）	27（1600 年）→25.5（1850 年）
人均粮食储备（koku 大米）	0.065（1751 年）→0.030（1843 年）	0.038（1751 年）→0.046（1843 年）

　　如果在明治维新前的 200 年时间里，中日在国家能力上已经表现出显见的差异，那么造成两国的国家能力差异的原因是什么？现有文献为中国的低税收提供了两种假说：没有战争和仁慈的意识形态。经济史学家的研究表明，战争是欧洲国家扩大财政能力的主要驱动力。在这种观点下，中国缺乏国家间竞争以及由此造成的低财政需求是中国低税收的主要原因①。历史学家认为，低税率主要是儒家仁政思想的反映②③。然而，两个假设都不能完全解释中日两国的不同趋势，因为德川幕府时期日本也没有经历过国家间的竞争，同时日本也有着来自中国儒家文化的仁爱思想。实际上，根据欧洲国家经验，反而应是中国拥有更高的国家能力，因为它有来自亚洲内部的军事威胁。

　　在本书第二章文献综述中提到，地理因素是决定国家能力的因素之一，而宋传辉和守口则把地理视为中日国家能力差异的重要决定因素。他们指出，1650 年至 1850 年，两个国家都是比较稳定的集权统治，但中国是一个幅员辽阔的内陆帝国，而日本是一个小岛屿国家。由于地理规模的异质性，前者的政治控制问题要比后者严重得多。统治者不能靠个人治理整个国家，必须通过代理人治理，这就产生了委托代理问题。假设代理问题随着地理规模的增加而趋于严重，考虑到前现代社会，在大统治区域内的监视成本高昂，给了代理人强烈的动机去勒索纳税人。为了防止过度攫取，引起叛乱，统治者必须保持低税收和小政府。相比之下，在一个较小的领域，较低的监控成本允

---

① ROSENTHAL J, WONG R. Before and beyond divergence: the politics of economic change in china and europe [M]. Cambridge, MA: Harvard University Press, 2011.

② ELLIOTT M. Emperor qianlong: son of heaven, man of the world [M]. New York: Pearson Longman, 2009.

③ ROWE W. China's last empire: the great qing [M]. Cambridge, MA: Harvard University Press, 2009.

许统治者征收更高的税收，而不会顾忌民众抵制的风险。他们分别通过静态和动态的委托代理模型，分析在一个稳定的独裁政权中的最优税收和公共物品供给。模型预测随着统治者领地的地理规模增加，官僚征用恶化，人均税收因管理规模不经济而下降。宋传辉和守口的理论模型和结论为明治维新前中日两国国家能力的差异提供了一个新的解释①。

二、明治维新后中国与日本的国家能力比较

19世纪下半叶，来自西方的地缘政治威胁对中日两国政治发展和国家能力产生了截然不同的影响。1868年，日本通过明治维新效仿西方实行改革，迅速实现现代化，经济经历了持续的增长。清代中国虽然在19世纪60年代发起了自强运动，但主要局限于军事领域。在甲午战争（1894—1895）之前，中国的精英和公众对接受西方思想、制度和技术的态度仍然是矛盾的②③。两国对地缘政治的不同反应也决定了两国此后的国家能力的差异。

对于中国来说，自古以来就是一个有着悠久历史的中央集权帝国，但是在面对西方列强入侵之际，中央集权逐渐下放到地方，并最终导致清朝的分裂和解体。实际上，从19世纪中叶到1912年清朝落幕，清王朝一直在中央集权和分权之间摇摆不定，其主要原因是既要中央集权以协调南北方，又要分权以提高单一中心的办事效率。第一次鸦片战争（1840—1842）前，地方享有的分权程度一直较低。但第一次鸦片战争后，随着多个不平等条约的签订，国内人民的不满情绪开始爆发，大小规模的农民起义层出不穷。此时为了维护自身统治，需要扩大地方国家能力投资，借助地方能力平息暴动，于是朝廷开始向地方分权。到19世纪50年代，为了采取措施镇压太平天国运动和19世纪中后期的其他暴动（如捻军起义等），此时朝廷除了允许省级官员拥有自己的军队外，还授予其更多的财政自主权，包括征收过境税（利津税）④。太平天国运动被镇压后，政治分权的趋势没有完全逆转。地方军队虽

---

① SNG T, MORIGUCHI C. Asia's little divergence：state capacity in China and Japan before 1850 [J]. Journal of economic growth, 2014, 19（4）：439-470.

② MA D. Why Japan, not China, was the first to develop in east asia：lessons from sericulture, 1850—1937 [J]. Economic development and cultural change, 2004, 52（2）：369-394.

③ BRANDT L, MA D, THOMAS R. From divergence to convergence：re-evaluating the history behind China's economic boom [J]. Journal of economic literature, 2014, 52（1）：45-123.

④ KUHN P. Rebellion and its enemies in late imperial china：militarization and social structure, 1796—1864 [M]. Cambridge, MA：Harvard University Press, 1980.

然有所缩减，但各省保留了一定程度的财政和行政自主权①。上述清朝的几次战争所带来的地方财政能力的扩大，为本书的国家能力衡量提供了可能的外生性来源。

虽然清代后期地方国家能力有所增强，但与明治维新后的日本相比，中国整体的国家能力仍然差距很大。和清代中国一样，日本统治阶级也须应对19世纪中叶的危机。但作为一个岛国，日本国家和地方改革目标大体一致，不存在政治集权与地方国家能力建设之间的矛盾。事实上，日本统治阶级很快就达成了共识：德川幕府时期的封建制度必须被一个中央集权制度所取代，如此才能集中有限的资源，共同应对西方强国的威胁，同时确保启动和维持工业化所需的政治稳定②③。明治维新改革超出了军事现代化的范畴，包括改革土地所有制、引入新的货币制度、推行义务教育和国家主导的全国铁路运输网络投资。表3-3显示了中日铁路长度的对比。从表3-3可以看出，明治维新后中国在铁路建设上远落后于日本，1890年中国为10千米，同期日本为2 349千米；到1913年中国铁路长度为9 854千米，日本为20 507千米。中日两国基础设施上的差异直接导致在抗日战争的关键时期，中国在交通和通信发展方面落后于日本④。汉学家阿尔伯特·费尔沃克指出，阻碍中国现代化的一个重要因素是缺乏地方一级的国家能力⑤。清朝时期，人均官吏数量低于前几个朝代。官僚机构的影响范围很少延伸到县级层面⑥。清政府控制薄弱的一个反映是，在中国，反传教士暴动和袭击外国人的事件高发，国家往往无力阻止，只能在损害发生后支付赔偿金⑦。国家能力低下使清政府在应对西方列

---

① CHU S, LIU K. Li Hung-chang and China's early modernization [M]. NY: M. E. Sharpe, Armonk, 1994.

② JANSEN M. The making of modern japan [M]. Cambridge: Belknap Press of Harvard University Press, 2000.

③ HE W. Paths toward the modern fiscal state: England, Japan and China [M]. Cambridge: Harvard University Press, 2013.

④ MIYAMOTO M. Quantitative aspects of Tokugawa Economy [M]. in HAYAMI A, SAITO O, TOBY R. (eds), Emergence of economic society in Japan, 1600—1870, Oxford: Oxford University Press, 2004.

⑤ FEUERWERKER A. Economic trends in the late Ch'ing empire, 1870—1911 [M]. in FAIRBANK J K, LIU K. C. eds, Cambridge history of China. Cambridge: Cambridge University Press, 1980.

⑥ KUHN P. Origins of the modern Chinese state [M]. California: Stanford University Press, 2002.

⑦ WEHRLE E. Britain, China, and the anti-missionary riots 1891—1900 [M]. London: Oxford University Press, 1966.

强时显得格外被动，其政策"不是指导而是被动应对"①。

表3-3 中日铁路长度比较（千米）

年份	中国	日本
1870	0	0
1890	10	2 349
1913	9 854	20 570

数据来源：MADDISON A. Contours of the cwrld ecworld, 1-2030 AD. essays in macro-economic history [M]. New York: Oxford University Press, 2007.

同样面对西方地缘政治的威胁，为何对中日两国的应对措施以及国家能力造成如此不同的影响，进而使得19世纪末日本成功创建了统一国家，而中国的现代化努力却以失败告终？有文献指出，日本在效仿西方方面比中国更感兴趣②。但兴趣不足以对国家能力造成如此大的差异，而且两国统治者接受或者拒绝改革并不仅取决于文化态度，更是基于自身利益的选择。更有说服力的解释来自小山等人。他们与宋传辉和守口在分析明治维新前地理因素对中日两国国家能力的决定性影响一致，同样强调地理规模的异质性决定了两国在面对外来威胁时的不同反应。具体说，他们建立的理论模型表明，外部威胁决定了一国选择集权还是分权。对日本等面积较小且领土相对紧凑的小国来说，外来威胁产生了明确的集权倾向，但是对于像中国这样的幅员辽阔的大国来说，会导致其政治权力分散和最终的解体。他们的模型框架还突出了国家能力的建设过程。有关国家能力的文献通常将国家建设视为一个空间统一的过程：国家能力一旦建立，就在全国范围内统一适用③。但显然，国家能力并非无处不在，在某些地方（如首都周围）比在其他地方（如在外围地区）更有效。这使得在大国保持有效控制比在小国更为复杂，进而影响进行社会经济改革的能力和意愿，最终造成两国国家能力的差异。

---

① HART R. The I.G. in Peking: letters of robert hart, Chinese maritime customs, 1868—1907 [M]. Cambridge: Belknap Press of Harvard University Press, 1975.

② FAIRBANK J, EDWIN R. East Asia: tradition and transformation [M]. Boston: Houghton Mifflin Press, 1989.

③ KOYAMA M, MORIGUCHI C, SNG T. Geopolitics and Asia's little divergence: a comparative analysis of state building in China and Japan after 1850 [R]. Mimeo, 2015.

第二节　中国和欧洲国家能力建设比较

第一节比较了中国和日本历史上的国家能力建设过程，在欧洲内部国家之间也存在小分流，一般指14—18世纪，位于北海地区的欧洲国家（如英国与荷兰）经济持续增长，而位于地中海地区的欧洲国家（如意大利与西班牙），增长出现停滞或衰落①。与此同时，关于中西之间的历史"大分流"（great divergence）更是学界长期研究的话题之一。这一现象是指在18世纪甚至更早时期出现的中国落后于欧洲而产生的历史大分流。许多文献尝试从多个角度解释历史大分流出现的原因。在此背景下，本节对中国和欧洲国家历史上的国家能力进行比较，并概括文献中对分流现象（包括中西大分流和欧洲内部小分流）进行的解释。比较的欧洲国家主要包括：英国、法国、普鲁士和西班牙，时间从14世纪到19世纪末，包含欧洲小分流时期以及整个清代中国时期（1644—1911年）。本书首先考察中国和所选欧洲国家在历史上的国家能力建设过程，其次展示各国之间国家能力的结果，最后基于国家能力差异总结分流现象的研究观点。

一、中国与欧洲四国在国家能力上的投资

（一）欧洲四国在国家能力上的投资

文献认为，人均税收是衡量一个国家的国家能力的基本指标。文献研究表明，可以追踪到17世纪中期以来西欧四大强国政府收入的增长。图3-2显示了1500—1900年欧洲五大强国人均税收增长情形②。

从图3-2可以看出，欧洲五大强国（英国、法国、西班牙、奥地利、普鲁士）的国家能力在1500—1900年内整体上呈增长趋势，但是图形显示可见每个国家的制度却有很大的差异，不同的国家经历了不同的政治历史，从而形成了不同的现代国家之路。因此，有必要对单独国家的历史经验进行考察，以更好地了解国家能力的建设过程。鉴于笔者所搜集到的史料文献，我们主

---

① BROADBERRY S, GUAN H, LI D. China, Europe and the great divergence: a study in historical national accounting, 980—1850 [R]. CEPR Discussion Papers, 2017.

② KARAMAN K, PAMUK S. State finances in European perspective, 1500—1914 [J]. Journal of economic history, 2010, 70 (3): 593-629.

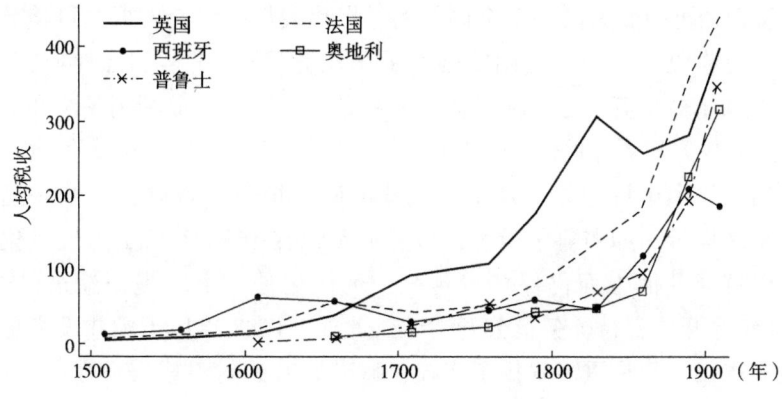

图 3-2 欧洲五大强国人均税收比较

注：人均税收单位以克银记。

要对英国、法国、普鲁士和西班牙等欧洲四国的具体建设经验进行了分析。

1. 英国在国家能力上的投资

英国经济史揭示了其国家建设过程的复杂性。18世纪，英国有能力通过税收和借贷调动巨大的资源①。制度经济学文献认为，英国是高国家能力的例子，因为结合了高财政能力和对主权权力限制的法治措施②。但成功的原因是什么？如何能够建立一个既有高财政能力又有法治的现代化国家？在回答这些问题时，历史学家重视长期历史的重要性。英国长期以来有一个连贯且相对集权的政体，由于其土地和人民的潜在同质性，英国从中世纪起就拥有统一的法律和财政制度。正是英国的初始异质性水平较低，使英国得以比其他欧洲国家更早地从农业税转向直接征收消费税和关税，节省了成本。沃特认为，英国之所以能够成功地建立国家能力，部分原因在于其初始凝聚力水平较高③。

在议会中，英国拥有一个国家级的代表机构（与法国和西班牙的地区和省级机构不同）和相对统一的政治精英阶层④。文献强调了中世纪英国君主利

---

① BREWER J. The sinews of power [M]. Cambridge, MA：Harvard University Press, 1988.

② NORTH D, WEINGAST B. Constitutions and commitment：the evolution of institutions governing public choice in seventeenth century england [J]. Journal of economic history, 1989 (49)：803-832.

③ VOTH H. Debt, default and empire：state capacity and economic development in england and spain in the early modern period [J]. Economic history review, 2016, 64：1-20.

④ MOKYR J, NYE V. Distribution coalitions, the industrial revolution, and the origins of economics growth in Britain [J]. Southern economic journal, 2007, 74 (1)：50-70.

用议会管理领土的能力。一个全国性的、有代表性的议会的成立可使英国统治者提高税收收入，并与法国等强大的国家竞争①。诺斯和温加斯特认为，1688年光荣革命是英国走向现代化的先决条件，因为革命利用宪法和法律约束了君主的权力且更好地保护了产权②。但这一观点受到了挑战和质疑。光荣革命后的一个半世纪里，规则和法律的确变得更加普遍，但这一过程却经历了很多挫折。如布鲁尔所述，虽然消费税在1688年后更为现代化和制度化，但英国其他方面仍保持着传统，现代化是一个缓慢而渐进的过程，如1870年才开始实行公务员公开考试。此外，1688年后英国并没有更多地保护既有产权，而是重新安排了产权，抛弃原有的封建或习惯性财产权利，支持有利于投资开发工业用地的产权③。晚近经济史文献指出，内战和英联邦时期（1642—1660年）才是英国财政史上的分水岭，并强调在1690—1720年，政治精英和政党的形成所产生的政治平衡发挥了重要作用，因为这一平衡限制了皇室权力，同时赋予国家巨大权力提高税收、支出和借贷④。从图3-2中可以看出，从这一时期起，英国人均税收开始有较大幅度增加。在光荣革命和联邦法案之后，英国以前所未有的规模增税⑤，国家能力伴随着这一趋势而提高。

2. 法国在国家能力上的投资

与英国不同，中世纪的法国是封建国家，通过对皇室的忠诚，各领主松散地结合在一起⑥，因而法国的国家建设经验不同于英国。面对既得利益者更大的阻力，国家建设显然更加旷日持久。法国在法律和财政上一直支离破碎，直到法国大革命的到来⑦。然而，正如图3-2中所见，17世纪法国的国家能力仍然有显著提高，为后续的国家认同和法治奠定了基础。

---

① BREWER J. The sinews of power [M]. Cambridge, MA: Harvard University Press, 1988.

② NORTH D, WEINGAST B. Constitutions and commitment: the evolution of institutions governing public choice in seventeenth century england [J]. Journal of economic history, 1989 (49): 803-832.

③ BOGART D, RICHARDSON G. Making property productive: reorganizing rights to real and equitable estates in britain, 1660—1830 [J]. European review of economic history, 2009, 13 (1): 3-30.

④ CARRUTHERS B. City of capital: politics and markets in the English financial revolution [M]. Princeton: Princeton University Press, 1996.

⑤ O'brien P. The nature and historical evolution of an exceptional fiscal state and its possible significance for the precocious commercialization and industrialization of the british economy from cromwell to nelson [J]. Economic history review, 2011, 64 (2): 408-446.

⑥ COLLINS B. The state in early modern france [M]. Cambridge: Cambridge University Press, 1995.

⑦ ROSENTHAL J. The fruits of revolution [M]. Cambridge: Cambridge University Press, 1992.

第三章
国家能力的历史比较分析

3. 普鲁士在国家能力上的投资

18世纪,在对行政部门施加限制之前,普鲁士也对国家能力进行了投资。历史学家认为,普鲁士是一个非常优秀的军事国家,之所以上升到大国地位,部分原因是统治者有能力进行财政能力投资,建立强大的常备军①。蒂利认为,普鲁士走的是更为强制性的现代国家之路②。在历史记载中,18世纪的普鲁士被视为最优秀的财政军事国家,但其官僚化程度有时被夸大。普鲁士政府虽然能够大幅增加税收收入,但直到18世纪末,其税收主要来自农业③。

4. 西班牙在国家能力上的投资

西班牙长期以来被认为是一个专制国家,长期的政府管制和财政压迫导致经济的停滞和衰退。尽管16世纪和17世纪的西班牙君主拥有巨大的个人权力和财富,但他们却无法在本国建立统一的财政制度和法律制度④。西班牙帝国最终失败的原因并不是像传统文献中所说的大肆借贷,而是在收入方面未能建立一个统一的财政国家⑤。格拉夫认为,西班牙未能建立一个中央集权国家也是限制伊比利亚半岛单一市场经济发展的重要原因⑥。

(二)清代中国在国家能力上的投资

受维特福格尔的影响⑦,现有文献将清代中国经济发展的失败归因于专制整体,指责统治者过度征税并且财产权得不到保障⑧。但这一观点已经被实际数据所否定,在本章上节已经指出,即使相比于日本,清代中国的税收负担也是非常低的。诚然,清朝统治者是非常有权势的人,他们能够调动

---

① BREWER J, HELLMUTH E. Rethinking leviathan: the eighteenth-century state in britain and germany [M]. Oxford: Oxford University Press, 1999.

② 查尔斯·蒂利. 强制、资本和欧洲国家(公元990—1992年)[M]. 上海:上海人民出版社, 2007.

③ KISER E, SCHNEIDER J. Bureaucracy and efficiency: an analysis of taxation in early modern Prussia [J]. American sociological review, 1994, 59 (2): 187-204.

④ ELLIOTT J. A europe of composition monarchies [J]. Past present, 1992 (137): 48-71.

⑤ DRELICHMAN M., VOTH H. Lending to the borrower from hell [M]. Princeton: Princeton University Press, 2014.

⑥ GRAFE R. Distant tyranny: markets, power, and backwardness in spain, 1650—1800 [M]. Princeton: Princeton University Press, 2012.

⑦ WITTFOGEL K. Oriental despotism: a comparative study of total power [M]. New Haven: Yale University Press, 1957.

⑧ ROSENBERG N, BIRDZELL L. How the west grew rich, the economic transformation of the industrial world [M]. New York: Basic Books, 1986.

巨大的资源用于浩大建筑工程和大规模的战争。据史书记载，乾隆皇帝曾指挥过一支名义规模超过 100 万人的军队。然而，清朝统治者有效"统治"其领土的能力是有限的。虽然按照前现代标准来说，清朝是高度官僚化的，但上节表明帝国官僚的规模相对于中国的人口和广大的领土来说是很小的。

同样，最近的文献也证明，中国的税收相对于欧洲国家来说也是非常低的①，而且从 18 世纪中叶开始，税收大幅下降。同时农民土地产权也能够得到保证。清政府低税收政策和有效产权保护对农业、商品和服务市场的发展产生了积极的影响，清朝在鼎盛时期（1680—1794 年）经济持续扩张，农业产量与人口同步增长②。罗森塔尔和王国斌认为："中国成功维护国家的逻辑在于强调轻税收，通常试图避免干预商业。"清政府的低税收政策有其现实考量，主要是为了维持其权力的稳固和政治平衡③。马德斌认为，与税收系统管理相关的高代理成本和对暴动的担忧，引导中国朝着适度的正式税收、小型的官僚机构和有限范围的非军事活动方向发展。但是清朝政府低税收政策的有效性仍受到争议④。有一些学者认为，清朝在提供粮食和防洪救灾等公共产品方面的能力，证明了中国在清代（1660—1794 年）的国家建设是有效的。罗森塔尔和王国斌认为："中国政府设法帮助维护水道，管理灌溉用水控制工程，建立了大量的粮仓储备和其他有助于促进物质安全和经济增长的项目。"⑤然而，更多文献则认为这些努力是偶然的成功，因为清政府在 19 世纪并没有

---

① 在公元 8 世纪末唐朝统治中国时期，统治者将税收主要来源从劳动力转移到了土地上，此后土地税一直是中国政府的主要税收来源。从税收征收角度看，这为明确界定土地产权提供了前提。但是与此同时，征收土地税给了地方官员很大的自由裁量权，这些地方官员为了自己的利益而收受贿赂或以其他方式敲诈纳税人（Ma, 2012）。清政府早期统治时期，每年根据土地价值以固定金额征收土地税。直到 1850 年以后，为了支付镇压太平天国所需的军队费用，清政府才开征了一种内部关税，称为利津税，其收入都是用于地方开销。利津税的征收也被视为清政府向更大的政治分权和内部分裂的方向转变。

② MA D. Rock, scissors, paper: the problem of incentives and information in traditional Chinese state and the origin of great divergence [R]. Economic History Working Papers, 2011.

③ ROSENTHAL J, WONG R. Before and beyond divergence: the politics of economic change in china and europe [M]. Cambridge, MA: Harvard University Press, 2011.

④ MA D. Political institutions and long run economic trajectory: some lessons form two millennia of Chinese civilization [R]. CEPR Discussion Papers, 2012.

⑤ ROSENTHAL J, WONG R. Before and beyond divergence: the politics of economic change in china and europe [M]. Cambridge, MA: Harvard University Press, 2011.

继续推行这些措施①。此外，这些措施的目的主要在于平息公众的不满情绪，从而维持帝国制度的长久性。但是 19 世纪 30 年代以来，清朝统治者未能对西方殖民者的侵略做出反应，同时未能维持内部秩序，导致太平天国运动，其脆弱性显而易见。清帝国的庞大规模使得政府很难渗透到国家每个角落，以维护地方秩序和实施改革政策。

二、中国与欧洲四国国家能力比较

清朝是中国历史上最后一个，或许也是最强大和最集权的王朝。在清朝统治下的两个半世纪里，中国人口增加了约 2 倍，领土增加了一倍，迎来了中国历史上繁荣的 18 世纪，即所谓的"康乾盛世"②。但正如上文所言，与众多的人口和幅员辽阔的统治领土不相称的是清朝维持的低税收政策和税收收入。马德斌认为，1700—1850 年以银币表示的税收收入基本保持稳定，平均每年约为 3 600 万银两，波动的标准差仅为 3.2③。由于人口大幅增长，人均税收稳步下降：到 1850 年，人均税收不足 1700 年水平的一半。甚至可以说清朝的人均税率是自宋朝以来最低的。到 19 世纪末名义税收收入急剧下降，由于物价因素，实际税收收入降幅不大。

中国的税收收入与欧洲四国相比如何呢？表 3-4 显示了清朝统治期间中国与欧洲四国的总税收收入比较。在 17 世纪后半叶，中国政府以白银吨计的名义总收入高于欧洲任何一个国家。虽然中国税收水平高于同期欧洲国家水平，但在很大程度上反映了中国庞大的人口规模，其规模约是 18 世纪俄罗斯或法国的 10 倍④。其收入约 70%来自土地税。清王朝收入在总产出中所占的份额很低：王业健发现，19 世纪晚期的大部分地区土地税约占土地产出的 2%~4%，尽管在繁荣的长三角地区占有更大的份额。1908 年，清政府总收入约占国民生产净值的 2.4%⑤。就税收总收入看，最明显的反差出现在 19

---

① 皮尔·弗里斯. 国家经济与大分流：17 世纪 80 年代到 19 世纪 50 年代的英国与中国 [M]. 北京：中信出版社，2018.

② MA D. State capacity and the great divergence: the case of Qing China [J]. Eurasian geography and economics, 2013, 54 (56): 484-498.

③ MA D, RUBIN J. Strong states and weak administrative capacity [R]. Mimeo, 2016.

④ MA D. State capacity and the great divergence: the case of Qing China [J]. Euresikn geogrrphy and elonomics, 2013, 54 (56): 484-498.

⑤ WANG Y. Land taxation in imperial China, 1750-1911 [M]. Cambridge, MA: Harvard University Press, 1973.

世纪上半叶，当时中国在鸦片战争中迎战英国，但清朝中央财政税收总收入仅为英国的24%。

表3-4 中国与欧洲四国税收收入比较（银吨）

年份	中国	俄罗斯	法国	西班牙	英国
1650—1699	940	—	851	243	239
1700—1749	1 304	155	932	312	632
1750—1799	1 229	492	1 612	618	1 370
1800—1849	1 367	—	—	—	6 156
1850—1899	2 651	—	—	—	10 941

数据来源：Ma D. State capacity and the great divergence: the case of Qing China [J]. Eurasian geography and economics, 2013, 54 (56): 484-498.

考虑到各国人口规模的差异，更具说服力的国家能力比较指标是人均税收收入。表3-5和表3-6分别列示了中国和欧洲四国人均税收收入的比较，表3-5将各国人均税收统一以银两为单位；表3-6将人均税收收入换算成为城市非熟练劳动力的日工资，即要达到相同税收水平，城市非熟练劳动力需要工作的天数①。从表3-5中可以看出，不论是以哪种方式衡量人均税收，中国在整个时间段内都低于法国、西班牙和英国的水平，尤其到了18世纪中叶以来，中国的人均税收也低于俄罗斯。从表3-6可以看出，18世纪初，清朝的人均税收相当于城市非熟练工人工作的两天多收入，而到了18世纪末则降至一天多收入，反映了清朝固定税收目标与人口的快速增长②。进一步比较中英两国，就日工资而言，中国人均税收为英国水平的10%左右，而以银两为单位计价，19世纪上半叶仅为1.1%左右（3.4∶303.8）。

---

① KARAMAN K, PAMUK S. Ottoman state finances in European perspective, 1500—1914 [J]. The journal of economic history, 2012, 70 (3): 593-629.

② MA D. State capacity and the great divergence: the case of Qing China [J]. Eurasian geography and economics, 2013, 54 (56): 484-498.

表 3-5　中国与欧洲四国人均税收收入比较（银两）

年份	中国	俄罗斯	法国	西班牙	英国
1650—1699	7.0	—	46.0	35.8	45.1
1700—1749	7.2	6.4	46.6	41.6	93.5
1750—1799	4.2	21	66.4	63.1	158.4
1800—1849	3.4	—	—	—	303.8
1850—1899	7.0	—	—	—	344.1

表 3-6　中国与欧洲四国人均税收收入比较（等价的城市非熟练劳动力工作天数）

年份	中国	俄罗斯	法国	西班牙	英国
1650—1699	—	—	8.0	7.7	4.2
1700—1749	2.26	—	6.7	4.6	8.9
1750—1799	1.32	—	11.4	10.0	12.6
1800—1849	1.23	—	—	—	17.2
1850—1899	1.99	—	—	—	19.4

数据来源：MA D. State capacity and the great divergence: the case of Qing China [J]. Eurasian geography and economics, 2013, 54 (56): 484-498.

此外，从税收收入和支出的趋势和结构进行比较，结果同样值得关注。尽管清朝的税收收入基本上停滞不前（实际收入略有下降），但从 1665 年到 1815 年，英国的税收收入却增长了 17 倍。1688 年光荣革命前，英国的税收总收入占国民收入的比例略高于 3%，到 1810 年猛增至约 18%[1]。对 18—19 世纪中国国内生产总值的可靠估计，王业健对清朝的税收收入做了初步估算，估算结果表明清朝政府税收收入在总产出中所占的份额很低：即使到 1908 年，税收收入也仅占清朝 NNP（国民生产净值）的 2.4% 左右[2]。从税收结构看，英国税收收入的激增主要来自关税和消费税等间接税，在 18 世纪末占税收总收入的近 80%[3]；王业健的研究表明，在 1776 年清朝税收总收入的 70%

---

[1] O'BRIEN P. The Political Economy of British Taxation, 1660—1815 [J]. The economic history review, 1988 (41): 1-32.

[2] WANG Y. Land taxation in imperial china, 1750—1911 [M]. Cambridge, MA: Harvard University Press, 1973.

[3] O'BRIEN P. The political economy of british taxation, 1660—1815 [J]. The economic history review, 1988 (41): 1-32.

来自土地税,其余来自某些形式的商业税。在税收支出结构方面,清朝税收支出中大约50%用于直接支付士兵军饷,另外17%用于支付官员和官僚的工资。在公共物品上的开支,如维持河运或赈灾,似乎仅略高于10%[1]。因此,不论是从财政的攫取能力看,还是从对公共品的供给看,清朝的国家能力均明显低于同期欧洲国家的水平。

三、国家能力与分流

(一) 国家能力与中西历史大分流

针对历史上的中国国家能力的事实,马德斌认为,这是中国集权政府做出的可信承诺的结果[2]。诺斯曾提出一个关于政府可信承诺的经典困境:经济增长需要一个强大的国家保障产权,但一个过于强大的国家会成为对私有财产权的潜在威胁[3]。对拥有2 000多年集权历史的中华帝国来说,并没有外部制度可以对统治者的权力进行约束,因此统治者面临可信承诺缺失的困境。马德斌指出,在绝对主义政权中,政府可信承诺的缺失可以通过统治者的权力垄断和长远视界得到部分缓解,并达到低攫取的良性平衡[4]。对于中国来说,统治者的目标是维持政权的长期稳定,因此其目标函数不是寻求短期收益最大化,而是垄断租金的长期化。为此,统治者通常保持较低的攫取力度,以平息可能发生的内部人民起义或消除潜在的外部入侵,从而延续自身的统治,并获得源源不断的垄断租金流。因此,在缺乏对统治者权力外部制度约束指数的情况下,未来税收收入流的稳定预期构成了对专制统治者攫取的自我约束[5]。与许多传统帝国一样,历史上中国的专制主义模式再次体现了强权和弱治的共存。对于这一点,爱泼斯坦(Epstein)富有洞见地指出,虽然历史上中国比欧洲国家更加集权和专制,但是其真实的国家能力太弱,以至于

---

[1] Wang Y. Land taxation in imperial China, 1750-1911 [M]. Cambridge, MA: Harvard University Press, 1943.

[2] MA D. State capacity and the great divergence: the case of Qing China [J]. Eurasian geography and economics, 2013, 54 (56): 484-498.

[3] NORTH D. Structure and change in economic history [M]. New York: W. W. Norton and Company Ltd, 1981.

[4] MA D. State capacity and the great divergence: the case of Qing China [J]. Eurasian geography and economics, 2013, 54 (56): 484-498.

[5] OLSON M. Dictatorship, democracy, and development [J]. The american political science review, 1993 (87): 567-576.

无法维持市场一体化和支持促进增长所需的贸易,从而会带来经济发展的落后[1]。表3-7显示了中国与英国、西班牙的人均GDP的比较。

表3-7 中国与欧洲二国人均GDP比较(1990年国际美元)

年份	中国	西班牙	英国
1000	466	450	400
1500	600	661	714
1600	600	853	974
1700	600	853	1 250
1820	600	1 008	1 706
1870	530	1 207	3 190

数据来源:MADDISON A. Statistics on World Population, GDP and per capita GDP, 1-2008 AD [J]. Historical statistics, 2010 (3):1-36.

从表3-7中可以看出,根据麦迪逊的统计数据,中国自16世纪以来,人均GDP基本保持不变,到了1870年,人均GDP相比1820年还有所下降;反观西班牙和英国,在11世纪时,人均GDP落后于中国,但之后一直处于增长趋势,到16世纪时已经扭转劣势,并且自18世纪以来,与中国的差距越拉越大,尤其是英国,到1870年时,其人均GDP水平已是中国的6倍。马德斌指出,正是中国薄弱的财政和行政能力(或者说是国家能力)导致中国在18世纪以来落后于西方,产生了历史大分流[2]。

与学界通常从文化和科学传统到要素禀赋或自然资源等方面,解释中国长期停滞不前不同,马德斌从新制度经济学角度认为,制度因素对中西历史大分流起了决定性作用。他指出,对中国这样的统治地域庞大的中央集权帝国来说,存在着皇帝—官员—人民三个行为人之间的双重代理模型,其中皇帝通过官僚机构对人民进行征税,于是便存在信息不对称问题[3]。皇帝为了激励官员征税,会默许部分租金被官员共享。但出于稳定而采取的低税收政策,使得官僚机构共享的租金大部分以法外附加费或腐败形式隐藏,这不仅对经

---

[1] EPSTEIN S. Freedom and growth: the rise of states and markets in Europe, 1300-1750, [M]. London: Routledge, 2000.

[2] MA D. State capacity and the great divergence: the case of Qing China [J]. Eurasian geography and economics, 2013, 54 (56): 484-489.

[3] MA D. State capacity and the great divergence: the case of Qing China [J]. Eurasian geography and economics, 2013, 54 (56): 484-489.

济造成扭曲性影响，而且阻碍了能够塑造规则和制度的正式组织的兴起，削弱了有利于现代经济增长的财政和金融制度的变迁。

反观欧洲国家，自罗马帝国灭亡以来一直处于政治分裂状态，正是这种分裂使得欧洲国家议会制度得以发展，并享有某种"退出"机制（政治分裂）。这种具有企业特征的政治模式确保了由减少暴力所产生的经济租金在与整体经济有利害关系的商业和房地产精英联盟之间分配。虽然占主导地位的联盟都会有天生的寻租行为，但会受到议会的监督；同时他们的政治权力也会随着财富的变化而转变为以"股东"利益为导向的行政权力，不再与统治者的统治时间范围挂钩。这种公司治理模式有助于解决基本的激励和信息问题，形成一种熊彼特式的创造性破坏过程，产生更多的垄断租金，并使得合同和信息密集型产业得以发展。这种自下而上的制度建设增强了西欧国家的财政、金融和行政能力。此外，欧洲国家的对外战争动员，也加速了以国债和商业税收增加为标志的金融和财政体制的进一步发展，最终中西财政和金融制度发展的巨大差异反映在人均收入水平的差异上①。

（二）国家能力与欧洲内部小分流

如上文所言，历史上不仅中国和欧洲国家之间出现了大分流，在欧洲内部国家之间也出现过分流，即14—18世纪北海地区的英国与荷兰在经济发展水平上，对位于地中海地区的意大利与西班牙的超越。表3-8比较了英国和西班牙人均GDP变化情况。

表3-8　西班牙、英国人均GDP比较（1990年国际美元）

年份	西班牙	英国	年份	西班牙	英国
1300	957	755	1600	944	1 123
1348	1 030	777	1650	820	1 110
1400	885	1 090	1700	880	1 563
1450	889	1 055	1750	910	1 710
1500	889	1 114	1800	962	2 080
1570	990	1 143	1850	1 144	2 997

资料来源：BROADBERRY S, GUAN H, LI D. China, Europe and the great divergence: a study in historical national accounting, 980—1850 [R]. CEPR Discussion Papers, 2017.

---

① KARAMAN K, PAMUK S. Ottoman state finances in european perspective, 1500-1914 [J]. The journal of economic history, 2010, 70 (3): 593-629.

从表 3-8 可以看出，14—18 世纪西班牙人均 GDP 增加幅度很小，而英国人均 GDP 有很大增加，并且人均 GDP 水平基本在西班牙之上。针对欧洲小分流的原因，不同文献也给出了不同的解释。布罗德贝里认为，两次冲击起了重要作用，一是 14 世纪中叶的黑死病；二是 1500 年左右从欧洲通往亚洲和美洲的新贸易路线[①]。拥有不同制度的欧洲各国在应对这两项冲击时产生了不同的结果。文献将国家制度的作用分为两种：国家提供基本公共物品的能力以及对过于强大的国家施加约束。这是一个诺斯式的困境：既需要国家能力为经济增长提供动力，同时国家能力又不能过强，需要对强大的国家施加约束。阿西莫格鲁等认为，英国和荷兰在 16 世纪后的成功，主要是通过对行政权力的制度性约束实现的[②]。在英国和荷兰，对统治者的约束意味着确保统治者在与商人打交道时无法任意采取行动。在西班牙和葡萄牙则相反，国家的特征是太过强大，以至于限制商人阶层从事商业事务。当然，这种观点也受到了质疑和挑战。爱泼斯坦认为，中世纪时期即使是西班牙和葡萄牙，国家权力也是支离破碎的，市场一体化受到利益集团的阻碍，因此增长需要国家集权和国家能力的扩大，而不是对行政部门的制约。当我们考虑到产业多元化以及劳动力从农业转移到非农业对经济增长的重要性时，这种观点得到加强。因为要求个体生产者在离开土地后可以通过市场维持粮食供应，并保留其在非农业活动中的投资和创新所获的利润。这进一步要求国家有能力执行财产权，建立统一的市场并在危机时期进行干预。

但是，这两种观点并非不可调和。当一个国家的国家能力既能确保足以行使财产权，又没有强大到可以没收所有贸易收益时，便达到了国家能力和国家权力约束之间的平衡。丁塞科根据欧洲在 1650 年至 1913 年的经验，令人信服地指出，经济发展所需要的是建立一套既在财政上集中又在政治上受约束的制度：需要财政集中化，以确保国家有足够的能力提供诸如教育和交通基础设施之类的公共物品；同时，议会的约束对于确保公共收入得到有效利用，以及国家不妨碍私人财富创造过程是必不可少的。有经验证据支持在欧洲小分流中扩大国家能力和议会控制的重要性。英国与荷兰在提高税收以

---

① BROADBERRY S, GUAN H, LI D. China, Europe and the great divergence: a study in historical national accounting, 980-1850 [R]. CEPR Discussion Papers, 2017.

② ACEMOGLU D, JOHNSON S, ROBINSON J. The Rise of Europe: atlantic trade, institutional change, and economic growth [J]. American economic review, 2005, 95 (3): 546-579.

扩大国家能力以及商业利益，通过议会增强对国家的控制权方面比西班牙和葡萄牙做得更好。表3-9显示了12世纪至18世纪北海地区和地中海地区的欧洲国家议会活动的模式。范赞登等构建的议会活动指数基于议会开会的每个世纪的日历年①。在第二个千年的上半年，西班牙和葡萄牙的议会活动高于北海地区，并在15世纪和16世纪达到顶峰，然后开始下降。相比之下，在北海地区，议会活动虽然进展缓慢，但在1500年之后却持续增加，在17世纪和18世纪达到了很高的水平。

表3-9　12至18世纪的欧洲议会活动指数（议会开会的每个世纪的日历年）

世纪	12	13	14	15	16	17	18
北海地区							
英国	0	6	78	67	59	73	100
荷兰	0	0	0	20	80	100	100
地中海地区							
加泰罗尼亚	3	29	41	61	16	14	4
阿拉贡	2	25	38	41	19	11	1
巴伦西亚	0	7	28	29	12	4	0
纳瓦拉	2	7	17	33	62	30	20
葡萄牙	0	9	27	47	12	14	0

资料来源：VAN ZANDEN J, BURINGH E, BOSKER M. The rise and decline of european parliaments, 1188-1789 [J]. The economic history review, 2012, 65 (3): 835-861.

第三节　本章总结

本章比较了中国、日本和欧洲国家历史上的国家能力建设过程。通过比较可以发现，自18世纪以来，不仅中国与欧洲国家之间出现了历史大分流，中国的国家能力与经济发展水平落后于欧洲；同时中国与日本之间也出现了亚洲小分流，日本在国家能力与经济表现上也优于中国。不仅如此，历史上15—18世纪在欧洲国家内部也出现了小分流，表现为北海地区欧洲国家的发

---

① VAN ZANDEN J, BURINGH E, BOSKER M. The rise and decline of european parliaments, 1188—1789 [J]. The economic history review, 2012, 65 (3): 835-861.

展要超过传统上较强的位于地中海地区的欧洲国家。任何现象和结果的背后都有其时代背景和历史根源。本章概括梳理了文献中对中国较低攫取力的国家能力、中日小分流、中西大分流以及欧洲小分流较有说服力的观点和解释。基于本章内容，我们可以得到三点启示。

第一，中国历史上的低税收和低财政能力是统治者基于长远统治考虑的合理选择。中国的统治者为了维持自己的集权统治，并获得稳定的垄断收入来源，选择了保持低税收的策略，防止人民不满情绪的爆发威胁政权的稳定。同时，中华帝国领土广阔，皇帝不可能事必躬亲，只能通过地方官僚机构进行管理。为了解决委托—代理中的激励和信息不对称问题，统治者只能选择固定的剩余索取权，而保持地方官员的自由裁量权，默许或承认地方腐败和滥用职权，这有助于解释明清时期的低税率与贪婪政权形象并存的矛盾现象[1]。此外，传统统治者对地方官员存在不信任，于是建立了多层官僚机构相互制衡，不仅造成了资源的极大浪费，而且使得财政和行政能力低下，最终呈现为经济发展水平的落后，产生了历史大分流。

第二，现代国家建设的过程千差万别。英国的建设过程表明了对国王行政权力限制的重要性[2]。然而，对皇室权威的限制并没有阻止波兰—立陶宛在近代早期的衰落[3]。同时，我们注意到日本、法国和普鲁士在建立现代国家时所遵循的其他道路。这些国家在面对冲突时，更多依靠的是强大的国家能力，建立起集中的财政和军事能力，最终走向了现代化，当然这一过程伴随着暴力。反观中华帝国，由于其专制主义的早熟，使其既无外部性的制度对权力进行约束，也没有强大的国家能力开启国家现代化的进程，最终未能成功地进行现代化建设，从而在近代落后于日本和西方国家。

第三，比较中国、日本以及欧洲国家的历史可以发现，历史上所能观察到的国家能力与经济增长的联系是视情况而定的。近代中国在经济发展上落后于日本和欧洲国家的重要原因之一在于国家能力水平的低下。现代经济增长来源于市场交换和贸易的扩大，导致更复杂的劳动分工，奖励了创新，以

---

[1] MA D. State capacity and the great divergence: the case of Qing China [J]. Eurasian geography and economics, 2013, 54 (56): 484-498.

[2] ACEMOGLU D, JOHNSON S, ROBINSON J. The Rise of Europe: atlantic trade, institutional change, and economic growth [J]. American economic review, 2005, 95 (3): 546-579.

[3] JOHNSON N, KOYAMA M. States and economic growth: capacity and constraints [J]. Explorations in economic history, 2017, 64 (4): 1-20.

及有助于推动创新的文化和潜在的非经济因素[1][2]。拥有高国家能力的国家可以为此提供制度条件,使增长和创新得以实现,或者至少防止它们因为战争或寻租而毁灭。然而,英国等欧洲国家的故事也告诉我们,国家能力并非多多益善,当国家权力强大到一定程度时,通过制度形式对权力进行限制和约束也同等重要,因为我们不能忽略政府摧毁经济是多么容易[3][4]。总而言之,19世纪历史上出现的持续经济增长与强大但受到制约的国家能力有关。针对这一点,阿西莫格鲁从理论模型的角度进行了刻画,试图说明强大但受到制约的国家能力可以促进经济的增长[5]。阿吉翁和豪伊特也从模型的角度指出,国家能力有助于落后国家实现经济的赶超,而当经济发展到一定阶段后,国家的退出和权力的约束才能持续促进经济增长[6]。

---

[1] HOWES A. The improving mentality: innovation during the british industrial revolution, 1651-1851 [R]. Mimeo, 2016.

[2] MOKYR J. Culture of growth [M]. Princeton: Princeton University Press, 2016.

[3] SHLEIFER A, VISHNY R. The grabbing hand: government pathologies and their cures [M]. Cambridge, MA: Harvard University Press, 1998.

[4] EASTERLY W, LEVINE R. Africa's growth tragedy: policies and ethnic divisions [J]. Quarterly journal of economics, 1997, 112 (4): 1203-1250.

[5] ACEMOGLU D. Politics and economics in weak and strong states [J]. Journal of monetary economics, 2005, 52 (7): 1199-1226.

[6] AGHION P, HOWITT P. Appropriate growth policy: A unifying framework [J]. Journal of the European economic association, 2006, 4 (2): 269-314.

第四章
国家能力的理论模型刻画与分析

在上一章,本书从历史角度对中国、日本和欧洲四国的国家能力进行了比较分析,通过比较发现,从历史经验看,国家能力的提高并不必然促进经济增长,强大但受到制约的国家是经济发展的重要推动力。同时,在经济发展的不同阶段,对国家能力的需求也有所不同。本章介绍在国家能力文献中两个经典的理论模型,从模型的角度刻画国家能力的不同作用,两个模型分别是阿西莫格鲁和阿吉翁与豪伊特的理论模型。接下来先对模型的关键要点和主要结论进行介绍,之后针对亚洲国家特别是中国发展的特殊情形,对模型设定需要改进之处进行简要评述和总结。

第一节 弱国和强国对经济表现的影响
——基于阿西莫格鲁的模型分析

一、模型背景和关键要点

诺斯认为,现实中产权结构由政治决定,它的目标并非最大化经济效率或增长潜力;相反,它努力使统治者或政治上强大的群体的回报最大化。他强调,最大化统治者利益的所有权结构和有利于经济增长的有效系统之间存在持续性的冲突[①]。因此,这种观点认为,"有限政府"和对国家权力的限制,特别是对其税收权力的限制,通常会刺激经济增长。尽管历史上在统治

---

① NORTH D. Structure and change in economic history [M]. W W Norton & Company, 1981.

者权力几乎不受制约的情况下,出现了许多灾难性的经济表现,但是如前文所述,东亚地区"发展型政府"实力的增长依靠的是强大国家的支持。此外,与"有限政府"观点形成鲜明对比的是,在富裕国家和通常被认为具有更多"约束"的社会中,政府收入占 GDP 比重更高。第三章对中国的历史比较结果表明,较弱的国家能力是中国在亚洲小分流和中西历史大分流中落后于日本和欧洲国家的重要原因。与此同时,学界对非洲国家建设失败的研究表明,经济发展落后是由于缺乏国家能力,政治经济学家和社会学家使用"弱国"这一词形容税收能力和监管能力有限的国家[1]。诺斯说的统治者的过度权力所造成的问题只是国家能力的一方面;另一方面,国家所垄断的合法使用暴力的权力,在执行合同和降低交易成本方面也发挥着重要作用。传统的公共财政理论同样认识到国家在公共产品供给和监管中的潜在作用,但它通常忽略了国家统治者的自利动机[2]。阿西莫格鲁率先构建了包含统治者和公民两方的政治经济学模型,从理论和模型方面对因自利精英征税所产生的扭曲与限制国家权力所导致的经济效率低下之间的权衡进行了分析。

由本书文献综述可知,国家能力重要的能力指标在于其财政能力和生产能力(或法律能力)。如果在现实中用税收衡量汲取性财政能力,那么生产能力则体现于将税收引导到公共投资中的能力,从而提高私人生产能力,并因此吸引生产性私人投资,为公共投资提供补充。在一个关于公共投资在经济增长中作用的模型中,巴罗开创性地展示了公共和私人投资是如何内生性地结合起来促进增长的,其中互补性是该模型的本质,即缺少一个要素会降低另一个要素的生产率[3]。阿西莫格鲁在模型中也强调了公共投资与私人投资的互补性。阿西莫格鲁的主要论点是弱国和强国都会在资源配置上造成扭曲,成为经济发展的障碍:强国倾向于征收高额税收,阻碍公民的投资和创业努力,但弱国却未能投资于公共产品,如基础设施、道路、合同执行的法律规则等。弱国对公共品的投资不足,是因为自私的统治者只有在存在私人奖励时才肯进行投资;而当国家实力弱时,他们会认为未来获得的奖励过少。为

---

[1] HERBST J. States and power in africa: comparative lessons in authority and control [M]. Princeton: Princeton University Press, 2000.

[2] ATKINSON B, STIGLITZ J. Lectures on public economics [M]. New York: Mcgraw-hill Random House, 1980.

[3] BARRO R. Government spending in a simple model of endogenous growth [J]. Journal of political economy, 1990 (98): 103-125.

了构建模型，考虑经济体存在自利的统治者（或社会精英）控制国家，并可以对公民征税。生产决策由公民做出，产量取决于私人投资以及基础设施的质量，而基础设施质量则取决于统治者的公共投资。

阿西莫格鲁模型中另一个关键点在于统治者在进行征税时会面临约束：通过将公民经济退出权参数化，对征税施加约束。公民的退出选择源于他们转向非正规生产，隐藏收入或违反税法的能力。在许多欠发达国家，提高税收和确保遵守税法是主要问题，有时会导致政府使用关税增加收入。因此，适度水平的税收既能鼓励公民投资又可以留下足够的盈余使得统治者投资公共产品，这对于取得良好的经济效益是必要的。阿西莫格鲁的这一结论与企业理论类似，企业的组织决定哪些集团拥有权力，哪些集团将进行投资[①]。例如，如果上游和下游生产企业之间的组织结构将权力全部赋予上游企业，将阻碍下游企业投资，而限制上游公司谈判能力的组织结构也会导致投资不足。更平衡的权力结构是企业运作的必要条件。同样，国家和公民之间必须有一个平衡的权力结构，才能有效参与经济活动。

二、模型构建

(一) 模型描述

考虑一个无穷视界的经济体，经济体存在一个统治者和数量被单位化为1的公民。设所有代理人的效用函数表示如下：

$$u_t = \sum_{j=0}^{\infty} \beta^j [c_{t+j} - e_{t+j}] \tag{4.1}$$

其中，c_{t+j} 为消费，e_{t+j} 表示投资，β 为折现率。假设统治者投资没有成本，每个公民使用科布—道格拉斯技术生产单一最终品：

$$y_t^i = \frac{1}{1-\alpha} A_t^\alpha (e_t^i)^{1-\alpha} \tag{4.2}$$

A_t 表示公共产品水平，可以表示基础设施、道路、合同执行的法律规则等，其水平由统治者的投资水平决定。式（4.2）刻画了模型的关键点，国家对公共品的投资是私人有效生产的必要条件，公共投资与私人投资互为补充。

统治者在每期内会对公民进行征税，税率为 τ_t。在面对统治者的税收时，

[①] HART O, MOORE J. Property rights and the nature of the firm [J]. Journal of political economy, 1990, 98 (6): 1119-1158.

公民可以隐藏自己的部分收入（设隐藏比例为z_t^i），被隐藏的部分则可以不被征税。但是，公民隐藏收入也是有成本的，假设有比例为δ的产出会流失。这一假设是对现实中公民退出经济的一种简化表达，即当统治者征收的税率过高时，公民就会隐藏自己的收入。此外，阿西莫格鲁在论文的第三部分还对基准模型进行了拓展，考虑当统治者可以被取代时的情形。这是在政治上对统治者征税施加的更为严格的约束。

给定税率τ_t，公民i的消费可表示为：

$$c_t^i \leq [(1-\tau_t)(1-z_t^i) + (1-\delta)z_t^i]y_t^i \quad (4.3)$$

其中税收收入为：

$$T_t = \tau_t \int_0^1 (1-z_t^i)y_t^i di \quad (4.4)$$

对于统治者来说，会在时期t决定下一期在公共品上花费的数量，又由时期t的公共品投资决定：

$$A_{t+1} = \left[\frac{(1-\alpha)\phi}{\alpha}G_t\right]^{\frac{1}{\phi}} \quad (4.5)$$

其中，G_t为统治者在时期t在公共品上的投资，$\phi>1$，表示统治者的投资技术是规模报酬递减的。G_t前的常数项是为了结果的简化而做了标准化，且由式（4.5）可知，每一期的公共产品投资会在当期完全折旧。当统治者在公共品上投资后，其消费则是税收收入和支出的差额：

$$c_t^R = T_t - G_t$$

当做了上述设定后，在每一期内，公民和统治者的决策顺序如下：

（1）经济体在第t期从上一期$t-1$继承A_t的公共品存量；

（2）公民选择投资水平e_t^i；

（3）统治者决定在下一期公共品上的投资量G_t，并决定征收的税率τ_t；

（4）公民决定自身产出的隐藏比例z_t^i。

（二）变量定义

1. 最优分配情形

先考虑模型的最优解（first-best），即类似中央计划者经济，在给定经济体初始公共品投资数量A_t下，中央计划者选择$\{e_t^i\}_{t=0,1,\cdots}$，$\{z_t^i\}_{t=0,1,\cdots}$，$\{A_t\}_{t=0,1,\cdots}$以最大化经济体的净产出：

$$\max: NY_0 = \sum_{t=0}^{\infty} \beta^t$$

$$\left[\int((1-z_t^i)+(1-\delta)z_t^i)\left(\frac{1}{1-\alpha}A_t^\alpha(e_t^i)^{1-\alpha}-e_t^i\right)di-\frac{\alpha}{(1-\alpha)\phi}A_{t+1}^\phi\right]$$

F. O. C.：$z_t^i = 0$，$\forall t$；$e_t^i = e_t^{fb} = A_t$ 代入（4.2）$\Rightarrow y_t^{fb} = \frac{A_t}{1-\alpha}$，代入上述表达式并对 A_t 求导可得：

$$A_t = A^{fb} = \beta^{\frac{1}{(\phi-1)}} \tag{4.6}$$

因此，在最优分配的情况下，每一期的投资和产出为：

$$e_0^{fb} = A_0,\ t=0;\ e_t^{fb} = \beta^{\frac{1}{(\phi-1)}},\ \forall t > 0;\ y_t^{fb} = \frac{1}{1-\alpha}\beta^{\frac{1}{(\phi-1)}}$$

2. 马尔可夫完美均衡

上述中央计划者经济最优解在现实中不一定可以达到，因为现实中的决策是统治者和公民分别基于对方的决策而做出自身的决策。因此紧接着阿西莫格鲁在文中定义了马尔可夫完美均衡（Markov Perfect Equilibrium，MPE）：每个时期的一组策略集（$\{e_t^i\}, \tau_t, \{z_t^i\}, G_t$），其中这些策略集仅依赖于当期的公共品存量 A_t 以及前期的事件信息。因此，策略集又可以表示为（$\{e_t^i(A_t)\}, \tau_t(A_t), \{z_t^i(A_t)\}, G_t(A_t)$）。马尔可夫均衡的重要特征体现在可以利用反向归纳法对每一期的均衡策略集进行求解。根据上文统治者和公民的决策顺序，接下来先决定公民隐藏的比例 z_t^i。根据博弈的结构特点，对于公民来说，仅需要在每一期最大化当期收入即可，此时有：

$$z_t^i \begin{cases} = 1, & \tau_t > \delta \\ \in [0,1], & \tau_t = \delta \\ = 0, & \tau_t < \delta \end{cases} \tag{4.7}$$

式（4.7）表明，如果统治者征收的税率高于隐藏产出时的流失比例 $\tau_t > \delta$，那么公民宁愿选择让产出流失，也要规避税收，因此公民收入的隐藏比例为 100%，即 $z_t^i = 1$；同理，若统治者征收的税率低于隐藏产出时的流出比例 $\tau_t < \delta$ 时，没有公民愿意隐藏自己的产出，因此 $z_t^i = 0$；而当税率与流出比例相同时，隐藏产出的比例是介于 [0, 1] 之间的任意值。从式（4.7）可以看出，给定式（4.7），对于统治者来说，其最优税率即为：

$$\tau_t = \delta \tag{4.8}$$

接着，考虑公民的私人投资决策，即在式（4.3）的约束下最大化式（4.1），由于各期之间的决策仅与当期策略集相关，因此公民只需最大化当期效用即可，即：

$$\max: c_t - e_t$$

$$\text{s.t.}: \begin{cases} c_t^i \leq [(1-\tau_t)(1-z_t^i) + (1-\delta)z_t^i]y_t^i \\ y_t^i = \dfrac{1}{1-\alpha}A_t^{\alpha}(e_t^i)^{1-\alpha} \end{cases}$$

代入式（4.8）并对 e_t^i 求导可得：$e_t^i = (1-\tau_t)^{\frac{1}{\alpha}}A_t$。因此，从该等式可以看出，私人投资的数量随着征收税率增加而下降，是因为较高的税率会降低投资的净收益；同时私人投资会随着公共产品存量水平的增加而上升，因为公共品会提高生产者的边际生产率，体现了上文中所说的私人投资与公共投资互补的性质。将式（4.8）代入该等式中，可得到私人投资的水平：

$$e_t^i = (1-\delta)^{\frac{1}{\alpha}}A_t \qquad (4.9)$$

将式（4.8）与式（4.9）代入式（4.4）可以得到税收收入是公共品存量的函数：

$$T(A_t) = \delta y_t = \frac{(1-\delta)^{\frac{1-\alpha}{\alpha}}\delta A_t}{1-\alpha} \qquad (4.10)$$

最后，统治者会选择公共投资水平 G_t 最大化其消费。在文章中，阿西莫格鲁为方便刻画和求解，将统治者消费现值写成了贝尔曼方程递归的形式：

$$V(A_t) = \max_{A_{t+1}}\left\{T(A_t) - \frac{\alpha}{(1-\alpha)\phi}A_{t+1}^{\phi} + \beta V(A_{t+1})\right\} \qquad (4.11)$$

式（4.11）即将统治者表示为税收收入与公共投资支出之差，其中公共投资支出由式（4.5）给出。由于 $\phi>1$，且统治者的即期值为对公共品存量 A 有界、连续可微且凹，因而值函数 V 对 A_t 也是凹且连续可微的，因此式（4.11）对 A_{t+1} 求导可得最大值的一阶条件：

$$\frac{\alpha}{1-\alpha}A_{t+1}^{\phi-1} = \beta V'(A_{t+1}) \qquad (4.12)$$

进一步，由包络定理，式（4.11）对 A_t 求导有：

$$V'(A_t) = T'(A_t) = \frac{(1-\delta)^{\frac{1-\alpha}{\alpha}}\delta}{1-\alpha} \qquad (4.13)$$

将式（4.13）代入式（4.12），可以得到统治者唯一的马尔可夫完美均衡（MPE）：

$$A_{t+1} = A[\delta] = (\beta\alpha^{-1}(1-\delta)^{\frac{1-\alpha}{\alpha}}\delta)^{1/(\phi-1)}$$

$$G_t = G[\delta] = \frac{\beta(1-\delta)^{\frac{1-\alpha}{\alpha}}\delta A[\delta]}{(1-\alpha)\phi} \quad (4.14)$$

比较式（4.6）与式（4.14）中的公共品存量水平可以发现，与最优的公共品存量水平相比，马尔可夫完美均衡下的均衡公共品存量存在三项差异：

$$\begin{cases} A_t = A^{fb} = \beta^{\frac{1}{(\phi-1)}} \\ A[\delta] = (\beta\alpha^{-1}(1-\delta)^{\frac{1-\alpha}{\alpha}}\delta)^{1/(\phi-1)} \end{cases}$$

第一项为 $(1-\delta)^{\frac{1-\alpha}{\alpha}}$，反映了公民私人投资的扭曲；第二项为 δ，反映了自利的统治者的视角；第三项为 $\alpha^{-1} > 1$，反映了统治者没有将公民的努力成本内化。其中前两项的效应总是占据主导，因而 $A[\delta] < A^{fb}$，即在马尔可夫完美均衡下，经济体中的公共品存量水平会低于中央计划者经济下的公共品存量水平。

最后，将式（4.14）代入式（4.11）中，注意到式（4.14）中的政府支出是式（4.10）中税收收入的 $\frac{1}{\phi}$ 倍，因此将式（4.11）展开并运用此关系，可以得到统治者的值函数为：

$$V^*(A_t) = \frac{(1-\delta)^{\frac{1-\alpha}{\alpha}}\delta A_t}{1-\alpha} + \beta\left(T - \frac{1}{\phi}T\right) + \beta^2\left(T - \frac{1}{\phi}T\right) + \cdots$$

$$= \frac{(1-\delta)^{\frac{1-\alpha}{\alpha}}\delta A_t}{1-\alpha} + \frac{\beta(\phi-1)(1-\delta)^{\frac{1-\alpha}{\alpha}}\delta A[\delta]}{(1-\beta)(1-\alpha)\phi} \quad (4.15)$$

根据上述讨论和求解，得到了阿西莫格鲁文中的命题1的内容。

命题1：对于任意时间 t，存在一个唯一的马尔可夫完美均衡解，其中税率 $\tau_t(A_t) = \delta$，统治者公共投资 $G(A_t)$ 由式（4.14）给出，公民任意时期的隐藏比例 $z^i(A_t) = 0$，公民的私人投资 $e^i(A_t)$ 由式（4.9）给出。根据式（4.10），对任意 $t > 0$ 时期，均衡时加总产出为：

$$Y_t = Y[\delta] = \frac{(1-\delta)^{\frac{1-\alpha}{\alpha}}}{1-\alpha}A[\delta] \quad (4.16)$$

且 $Y_0(A_0) = \dfrac{(1-\delta)^{\frac{1-\alpha}{\alpha}}}{1-\alpha}A_0$

(三) 结果讨论——强国与弱国

上述求解的结果表明,该模型与有关企业的理论之间存在很大的相似性。在企业不完全契约理论中,不同的利益相关者,如所有者、供应商、管理者和工人,由于对企业产出的讨价还价,使得他们倾向于削减投资水平,未能对企业做出全部的最大贡献。而企业的结构特别是资产所有权决定了不同利益群体之间的议价能力,以及他们的事前投资激励。企业的最优结构(或是均衡结构)需要平衡这些激励。目前的模型框架对权力在公民和统治者之间的分配对社会投资激励的影响给出了相似的解释。

在目前的模型框架中,一个关键的参数是被视为外生的公民隐藏收入时流失比例 δ,这一参数刻画了公民退出经济的激励强弱。当 δ 很高时,公民在隐藏收入时,会面临很大比例的产出流失,因而国家可以更大程度地提高征税税率,因此可以说国家是"经济上更为强大的国家"或者说国家能力较强。相反,当 δ 很低时,公民逃税面临的成本更低,因此统治者征收高税率的能力更弱,因而国家在"经济上更为弱势"或者说国家能力较弱。基于此,是国家越强带来的产出越高,还是相反呢?根据上文的求解,似乎并没有一个统一的答案。考虑 $\delta=0$ 与 $\delta=1$ 两种极端情形。当 $\delta=0$ 时,表示国家能力非常弱,根据式(4.9)、式(4.14)与式(4.16)可知,此时 $G_t = e_t^i = Y_t = 0$,公共投资、私人投资以及产出均为零;当 $\delta=1$ 时,此时国家能力非常强大,但同样根据式(4.9)、式(4.14)与式(4.16)可知,$G_t = e_t^i = Y_t = 0$,经济体中的投资和产出为零。这一结果表明,国家能力过强和过弱均不利于统治者和公民的投资,最终会降低经济体的产出。

进一步,根据式(4.16),可以推导出使得经济体中产出最大的 δ 值,即:

$$\max_{\delta}: Y[\delta] = \frac{(1-\delta)^{\frac{(1-\alpha)}{\alpha}}}{1-\alpha} A[\delta]$$

对 δ 求导,易求得最优的 δ 值:

$$\delta^* = \frac{\alpha}{\phi(1-\alpha)+\alpha} \tag{4.17}$$

根据这一数值,如果国家的征税力度高于 δ^*,那么国家就太强大了,税率相对于产出最大化的值来说过高,不利于产出的增长。如果国家的税收能力低于 δ^*,那么国家的能力就不足以在未来获得足够的租金吸引统治者投资

第四章
国家能力的理论模型刻画与分析

公共产品。这与政治经济学文献中强调的"弱国"不能获得经济发展的观点相一致。对δ^*的表达式进一步分析可以发现，δ^*是α的增函数，因为更大的α意味着与公民私人投资相比，统治者的投资更为重要，因此统治者应该获得更多的事后租金，以鼓励公民进行投资。同时δ^*是ϕ（对应着公共品技术的边际收益递减程度）的减函数，收益的递减程度越大，表明统治者的投资对事后的收入份额越不敏感，因而最优分配应该赋予公民更大的权重。

阿西莫格鲁在文中考虑了另一个δ值，记为δ^r，δ^r不是最大化经济体中的产出值，而是最大化统治者的收益。考虑初始禀赋为A_0和δ_0的经济体，统治者决定此后每一期的经济实力$\delta_t=\delta^r$。因此求解δ^r即最大化如下等式：

$$\delta^r = \mathrm{argmax} V^*(A_0) = \mathrm{argmax}\, \frac{(1-\delta_0)^{\frac{(1-\alpha)}{\alpha}}\delta_0 A_0}{1-\alpha} +$$

$$\frac{\beta(\phi-1)(1-\delta)^{\frac{(1-\alpha)}{\alpha}}\delta A[\delta]}{(1-\beta)(1-\alpha)\phi} \qquad (4.18)$$

易得$\delta^r=\alpha>\delta^*$。表明统治者偏好的δ值与最大化经济体产出的δ值是不同的，且统治者偏爱的δ值要更大，因为对于统治者来说，增加δ所带来的收益要大于所花费的成本。同理，可以求解出公民偏好的δ值，即最大化其效用值，根据式（4.1），公民每一期效用值为：

$$u_t^i = c_t^i - e_t^i = \alpha(1-\delta)^{\frac{1}{\alpha}}\frac{A_t}{(1-\alpha)} \qquad (4.19)$$

因此对于初始禀赋为A_0的经济体而言，最大化公民效用值的δ^c为：

$$\delta^c = \mathrm{argmax}\, U(A_0) = \mathrm{argmax}\, \frac{\alpha(1-\delta_0)^{\frac{1}{\alpha}}A_0}{1-\alpha} + \frac{\beta\alpha(1-\delta)^{\frac{1}{\alpha}}A[\delta]}{(1-\beta)(1-\alpha)} \qquad (4.20)$$

求解得到$\delta^c=\frac{\alpha}{\phi}<\delta^*<\delta^r$。因此公民偏好的最优$\delta$值要低于最大化经济体产出或统治者的$\delta$值，他们想的是能最大化个人剩余，而非最大化经济体产出，更非统治者的收入。最后，还可以求解出最大化经济体中的净产出（即全部剩余）时的最优δ值。净产出不同于总产出，因为此时公民和统治者的投资都受到约束；同时净产出也不同于最大化公民效用时的δ值，因为净产出考虑了统治者的效用。类似，通过最大化净产出折现值求解δ：

$$\delta^{wm} = \mathrm{argmax}\, NY(A_0) = \mathrm{argmax}\, \frac{\alpha+(1-\alpha)\delta_0}{1-\alpha}(1-\delta_0)^{\frac{(1-\alpha)}{\alpha}}$$

67

$$A_0 - \frac{1}{1-\beta}\frac{\alpha}{(1-\alpha)\phi}(A[\delta])^\phi + \frac{\beta}{(1-\beta)}\left(\frac{\alpha+(1-\alpha)\delta}{1-\alpha}A[\delta](1-\delta)^{\frac{1-\alpha}{\alpha}}\right)$$

(4.21)

该表达式包括了统治者和公民的消费。阿西莫格鲁在文中证明了 $\delta^c < \delta^{wm} < \delta^r$，即最大化净产出的 δ 值介于最大化公民效用和统治者收入阿西莫格鲁的 δ 值之间。将此上内容进行总结，可以得到命题2。

命题2：用 δ^*，δ^{wm}，δ^r 和 δ^c 分别表示最大化总产出、净产出、统治者收入和公民效用情形下的 δ 值。那么有：

$$0 < \delta^c < \delta^* < \delta^r < 1 \text{ 以及 } 0 < \delta^c < \delta^{wm} < \delta^r < 1 \quad (4.22)$$

从表达式可以看出，当公民和国家都可以做出生产性投资时，公民或者国家的权力过大均不是最优的社会产出值，国家和公民之间需要一定程度的权力平衡。当自利的统治者未来的租金预期过低时，他们就没有动力投资于公共产品。因此，与过于强大的国家可能会利用手中的权力对公民进行掠夺一样，过于弱小的国家也可能会对经济发展带来灾难性的影响。

三、模型评述与总结

本节介绍了阿西莫格鲁构建的有关强国和弱国对于经济发展影响的理论模型，通过较为严谨的模型构建回答了国家能力对经济增长的双重影响。该模型的关键在于刻画了国家能力两方面的特征：首先，国家有能力征收租金并进行公共产品的投资，体现为国家能力的财政性特征；其次，公共品投资与公民的私人投资具有互补性，公共品投资的增长能够促进私人投资效率的提高，体现为国家能力的生产性特征。生产效率的提高能够提高公民收入，从而进一步提高统治者的收入水平。将财政能力和生产能力融入模型后求解表明，一定程度的国家能力是经济发展的必要条件，国家能力过低表明经济体中的公共产品存量较低，如表现为基础设施投资不足，显然会降低私人投资的效率。同样，当国家能力过强时，统治者会使用自己的权力攫取资源和租金，而不会投入公共品的生产之中。因此，阿西莫格鲁将国家能力形容为经济增长的一把双刃剑，需要使用得当方能对经济增长产生促进作用。

阿西莫格鲁在新古典增长框架下，基于标准的模型假定，将国家能力内生化，得出了国家能力影响经济发展的一般性结论。但也因为模型设定的标准化，使得该模型抽象了现实中不同国家的实际发展情形，尤其是模型未能详细刻画出中国经济发展中的典型事实，使得模型存在一定的完善和改进之处，主要有三点：

第一，阿西莫格鲁的基准模型主要以公民在经济上的退出权作为统治者攫取能力的制衡因素。然而在现实中，虽然退出的选择（包括避税和进入非正式的部门）对国家征税能力有限制，但国家的征税及其限制能力往往来自"政治权力"。阿西莫格鲁当然也意识到了这一问题，之后拓展了基准模型，考虑到现实中统治者可能被推翻和取代的情形，而推翻现有政权的成本决定了国家的政治权力，最终发现基准模型的结果同样适用于扩展模型，即国家能力的权衡也适用于国家存在政治权力时的情形。但是要指出的是，统治者被推翻和取代的政治权力制衡因素并不适合中国的政治生态环境，中国并未发展出西方式的三权分立政治制度，而是采用了更适合中国国情的民主集中制度。如何在模型中体现出中国政治制度的制衡因素，是模型的一个可供完善方向。

第二，模型中国家能力的生产性能力体现为国家可以通过提供公共品促进私人投资的提高，但是进入模型的是国家提供的代表性同质公共品，而现实中公共品的生产能力存在异质性，不同的公共品对私人投资的促进作用并不相同，如对道路交通等公共品的生产性能力可能很强，能够在很大程度上刺激私人投资的提高，而如国防等其他公共品对私人投资的促进作用没那么强，因此在之后的模型拓展中可考虑纳入公共品生产能力的异质性，与实际的情形更加相符，下文在进行实证检验时，将通过数据显示不同公共品对增长的不同贡献程度。

第三，模型中主要刻画的是政府和公民两方的生产决策并达到的均衡过程，忽略了现实中有的国家存在多级政府的事实。如中国，现实中地方政府与中央政府之间的互动，对经济增长的决定是非常重要的政治过程，而在目前的模型中仅包括一个中央政府或统治者，无法体现不同层级政府之间的博弈和决策，因而在之后如何将多级政府之间的博弈和决策纳入模型之中，是模型有益的改进和完善的方向。但总体而言，阿西莫格鲁仍通过理论模型，很好地阐释了国家能力对经济发展的作用，模型表明了国家能力对经济增长不可或缺，但并非多多益善。这一模型结果为下文的实证提供了理论基础。也提供了可供实证检验的结论，在下文中，我们尝试运用中国的数据实证验证模型的主要结论。

第二节 不同发展阶段国家能力的作用
——基于阿吉翁和豪伊特的模型分析

本书通过对阿西莫格鲁理论模型的介绍说明了国家能力的强弱对经济增长的影响。然而,正如在第三章国家能力的历史比较分析中指出的,现代国家的建设过程千差万别,有些西方国家依靠强大的财政和军事实力走向了现代化,英国则表明了限制行政权力的重要性。进一步说,现有相关国家能力的文献表明,在国家发展的不同阶段,会有不同的因素发挥主导作用。基于此,本节从另一个角度,分析在国家发展的不同阶段,国家能力所发挥的作用。这一节的内容基于对阿吉翁和豪伊特理论模型的总结和分析。阿吉翁和豪伊特在文中提出了"熊彼特式"的增长理论框架,并指出该范式是解释增长并与实际情形相符合的逻辑自洽的增长理论,可以为现实中各国制定适合于自身的增长政策提供理论指导[1]。

一、现实背景和增长模型的三种范式

阿吉翁和豪伊特认识到,新古典增长模型无法解释20世纪90年代中期以来欧洲与美国现实中的增长差距,因为此期间欧洲的储蓄率一直高于美国,同时欧洲的研发投入占比也不比美国差,而这些因素均是新古典模型强调的促进增长的重要因素。同时新古典模型也无法解释墨西哥等拉丁美洲国家遵行"华盛顿共识"超过15年之久,却仍陷入停滞之中,而没有采取"华盛顿共识"政策的亚洲国家却实现了高速增长。理论和现实的矛盾使得经济学家开始重新审视新古典增长可能存在的问题,并且催生了新的与现实相一致的增长模型框架。阿吉翁和豪伊特指出,源于质量改进的"熊彼特式"增长理论提供了一个范式,可用于解释增长差距,并且可以为制定促进经济增长的政策提供指导。

为了突出"熊彼特式"增长模型的特征,阿吉翁和豪伊特在文中对比总结了三种主要的内生增长模型,按照时间提出的先后分别为 AK 内生增长模型、产品种类扩大的内生增长模型和"熊彼特式"产品质量提高内生增长

---

[1] AGHION P, HOWITT P. Appropriate growth policy: a unifying framework [J]. Journal of the european economic association, 2006, 4 (2): 269-314.

模型。

(一) AK 增长模型

AK 增长模型是最早版本的内生增长理论,没有明确区分资本积累和技术进步,假设资本不存在边际收益递减,与经济学通常认为的资本存在边际收益递减规律不同。支撑 AK 资本不变边际收益假设的论点在于现实中人力资本的存在。现实中技术的进步会带来智力资本以及人力资本的积累,当考虑到包括人力资本在内的广义资本时,传统所说的资本边际收益的规律便可能不再成立。卢卡斯则进一步假设人力资本与技术知识是一样的[1]。当加总的不同种类资本积累时,没有理由认为边际收益会递减至零,因为积累的一部分是用来抵消收益递减所需的技术进步。在弗兰克尔提出的早期内生增长模型中[2],沿用了索洛的假设[3],储蓄率为一个常数。此时,经济体的增长率可表示为:

$$g = sA - \delta \tag{4.23}$$

其中,g 表示经济增长率,s 为储蓄率,δ 为折旧率,A 为一个常数。

针对储蓄率为常数的不合实际的假设,罗默根据拉姆齐模型将储蓄率逆行了内生化,并推出了经济体的增长率[4]:

$$\max: \int_0^\infty e^{-\rho t} \frac{C_t^{1-\sigma}}{1-\sigma} dt$$

$$\text{s.t.} \begin{cases} Y_t = AK_t \\ \dot{K}_t = I_t - \delta K_t \\ Y_t = C_t + (1-\tau)I_t + T_t \end{cases}$$

其中,τ 是投资补贴或税率。由汉密尔顿函数和欧拉等式可以推出经济体增长率:

---

[1] LUCAS R. On the mechanics of economic development [J]. Journal of monetary economics, 1988, 22 (1): 3-42.

[2] FRANKEL M. The production function in allocation and growth: a synthesis [J]. American economic review, 1962, 52 (5): 995-1022.

[3] SOLOW R. A contribution to the theory of economric growth [J]. The quarterly journal of economics, 1956, 70 (1): 65-94.

[4] ROMER P. Increasing returns and long-run growth [J]. Journal of political economy, 1986, 94 (5): 1002-1037.

$$g = \frac{\dot{C}}{C} = \frac{\frac{A}{1-\tau} - \delta - \rho}{\sigma} \qquad (4.24)$$

由式（4.23）或者式（4.24）可以看出，较高的储蓄率 s 或投资补贴率 τ 鼓励资本积累，从而提高经济的增长率，因此与新古典增长模型类似，AK 内生增长模型也认为储蓄率是决定经济增长的重要因素。诚然，这一理论预期与第二次世界大战后早期经济体的增长模式相符，其中经济体的投资和储蓄决定经济增长的重要因素。然而，这一结论无法为当下欧美之间的增长差距提供解释，因为欧美之间的储蓄率相差无几。

（二）产品种类扩大的内生增长模型

内生增长理论的第二波浪潮是基于创新的增长模型，可以分出两个不同的理论模型，一是罗默提出的产品种类扩大的模型，该模型中创新通过创造新的产品种类使得生产能力增长[1]。二是基于创新的增长模型，由阿吉翁和豪伊特提出，即"熊彼特式"增长模型[2]。该模型侧重于提高产品质量的创新，创新使得旧产品被废弃，产品质量得到提高，因此涉及熊彼特称为"创造性毁灭"的力量。这里简要介绍产品种类扩大的增长模型。这种范式起源于新国际贸易理论，强调技术溢出效应，即用于开发新产品种类的资源生产率越高，开发出的产品种类越多。考虑经济体中存在中间品厂商和最终品厂商，最终品厂商的生产函数表示为 Ethier-Dixit-Stiglitz 形式：

$$Y_t = \sum_{i=0}^{N_t} K_{it}^{\alpha} di$$

其中，i 表示中间品厂商，共有 N_t 种不同的中间产品。根据对称性，总人均资本存量 K_t 在 N_t 种中间品中进行平分，意味着可以重新表达生产函数：

$$Y_t = N_t^{1-\alpha} K_t^{\alpha} \qquad (4.25)$$

根据式（4.25），产品种类 N_t 与经济体中的劳动生产率增长速度有关，其增长率是经济中人均产出的长期增长率。在这一模型中，产品多样性使给定的人均资本存量可以分散到更多的用途上，从而提高了经济的生产潜力。

---

[1] ROMER P. Endogenous technical change [J]. Journal of political economy, 1990, 98 (5): 71-102.

[2] AGHION P, HOWITT P. A model of growth through creative destruction [J]. Econometrica, 1992, 60 (2): 323-351.

该模型强调经济中长期增长的驱动力是创新,但是创新驱动增长的动力是产生更多种类的中间产品,而非提高中间产品的质量。这是该模型与"熊彼特式"增长模型最重要的区别。正是因为这一特征使得该模型在现实中的应用和解释性方面存在局限,因为只有一种总是导致新产品同质化的"创新",意味着产品种类扩大模型不能体现不同国家处于不同发展阶段时政策制定的差异,因此对决策者的指导作用有限。例如,该模型认为适合技术前沿国家的增长政策与适合技术落后国家的增长政策之间不存在差异,因此该模型无法解释为什么亚洲采取的与"华盛顿共识"不同的政策,却增长很快,以及为什么欧洲在第二次世界大战后的头30年里比美国发展得更快,但90年代中期以来却落后于美国。

(三)"熊彼特式"内生增长理论

产品种类扩大模型在解释现实时的失败源自其背离现实的创新假设,在现实中创新显然不仅会带来产品种类的增加,更会带来产品质量的提高,即新产品对旧产品的替代,体现为熊彼特所说的"创造性破坏"。基于此,阿吉翁和豪伊特提出了产品质量提高的内生增长模型,该模型从如下产业层面的生产函数开始:

$$Y_{it} = A_{it}^{1-\alpha} K_{it}^{\alpha}, \ 0 < \alpha < 1 \tag{4.26}$$

其中,A_{it} 是产业 i 在时间 t 上的生产率。K_{it} 表示该产业使用的唯一中间产品,每单位中间产品由资本进行生产。总产出是对产业层面产出的加总。

每种中间产品由创新者独家生产和销售,在被下一个创新者取代之前,该创新者通过提供 A_{it} 的创新参数成为该行业的现任垄断者。因此,基于产品质量提高的"熊彼特式"增长模型与 AK 模型,以及产品种类扩大模型的关键区别在于,更快的增长通常意味着企业的更高频率的更迭,因为这种创造性破坏的过程产生了新的创新者进入和前创新者的退出。

假设所有产业的生产函数相同,那么对式(4.26)进行加总,可以得到经济体中的总产出仍为 Cobb-Douglas(柯布—道格拉斯生产函数)形式,且总产出取决于总人均资本存量,表示如下:

$$Y_t = A_t^{1-\alpha} K_t^{\alpha} \tag{4.27}$$

生产率因子 A_t 是产业生产率 A_{it} 的简单加总。正如新古典增长理论所说,经济的长期增长率是由 A_t 的增长率决定的,而本模型中 A_t 的增长率取决于经济的创新效率。

进一步，创新有两个主要投入：未来创新者的支出和过去创新者的创新存量。该模型认为，未来创新者基于已有的创新存量进行创新，同时新的创新可以提高已有的生产率参数，假设新的创新可以使得现有的生产率参数提高 γ 倍，其中 $\gamma > 1$。此外，该模型在模拟现实中的创新贡献方面十分灵活，如它还可以容纳不同国家技术能力存在差异的情形，是十分现实中的实际情形，在现实中，不同国家的技术水平存在显见的差异，有的国家技术水平较高，位于技术前沿面，而有的国家则距离技术前沿较远，处于追赶阶段。假设全球所有国家的技术前沿参数为 $\bar{A}_t$，代表了所有国家所有产业的创新者都可以利用的全球技术知识存量。阿吉翁和豪伊特将现实中创新者的创新分成了两种，一种为领先的创新（leading-edge innovations），是建立在并改进其行业领先技术的基础之上；另一种是实施创新（implementation innovations），是实施在全球其他地方已经存在的技术。

例如，假设一个国家的任一产业，领先创新的发生频率为 μ_n，实施创新的发生频率为 μ_m。那么经济加总生产率参数的变化为：

$$A_{t+1} - A_t = \mu_n(\gamma - 1)A_t + \mu_m(\bar{A}_t - A_t)$$

从而经济增长率为：

$$g_t = \frac{A_{t+1} - A_t}{A_t} = \mu_n(\gamma - 1) + \mu_m(a_t^{-1} - 1) \qquad (4.28)$$

其中，$a_t = \dfrac{A_t}{\bar{A}_t}$ 为与技术前沿国家距离的相反数。

式（4.28）是"熊彼特式"增长模型的关键等式，该等式允许创新以不同的方式在不同的国家之间相互作用，而各种政策的增长效应会高度依赖于环境的变化。特别是，熊彼特范式非常适合分析一个国家的经济表现，即其与技术前沿面 a_t 接近程度的差异因何而有所不同，即在何种程度上该国将收敛于技术前沿，以及需要什么样的政策变化使得一国能够持续向前沿收敛。这一收敛问题的答案通常取决于经济体的制度特征，如产权保护和金融制度，还取决于政府政策，而制度和政策特征会因国家与技术前沿 a_t 距离的差异而存在差异。

式（4.28）包含了格申克龙所说的"后发优势"，从某种意义上说，给定实施创新的频率，国家越是落后于全球技术前沿，其增长速度就越快。这种优势来自一个事实，即实施创新意味着一国落后于技术前沿越多，就越能做出更大的质量改进。此外,正如阿西莫格鲁指出的[1],等式(4.28)也反映了格申克龙关于"适当制度"重要性的论点。有利于实施创新的制度(强调μ_m,而非μ_n)与支持领先创新的制度不同(强调μ_n,而非μ_m),远离技术前沿的国家将通过支持有利于实施创新的制度最大化增长,因为此时$a_t<1$,μ_m的提高可以显著提高经济增长率;然而,随着赶上技术前沿国家,$a_t=1$,此时实施创新已经不能继续促进经济增长,为了保持高增长率,国家将不得不从促进实施创新制度转向促进领先创新制度。未能实现这样的转变可能会阻止一个国家赶上前沿国家的人均 GDP 水平。萨皮尔等认为,这一失败很大程度地解释了为什么自 20 世纪 70 年代中期以来,欧洲未能赶上美国的人均 GDP[2]。

基于对"熊彼特式"增长模型的理论观点,可以解释 20 世纪 90 年代中期以来欧盟与美国增长率的差异吗?从前面的讨论中可以得出,一个可能的原因在于第二次世界大战后,欧洲经济在技术上赶上了美国,但在与美国的差距缩小之前,它的增长就开始放缓,因为它的政策和制度制定的不太合意,不是靠近技术前沿国家时应该采取的有利于经济最优增长的政策和制度。

二、国家能力、统治者约束与经济增长

总结有关内生增长的三种增长范式,相比于 AK 内生增长模型和产品种类增加的增长模型,阿吉翁和豪伊特提出的基于产品质量提高的"熊彼特式"增长框架,是一个对现实更具解释力且富有政策含义的理论模型。该模型最重要的特征是各种政府政策的增长效应是环境依赖型的,而最适合支持增长的制度取决于一国与世界技术前沿的"距离"。具体说,对于远离技术前沿的发展中国家来说,应该充分利用自身的"后发优势",推行有利于实施创新的制度促进增长,可以称为基于投资型的增长,通过对来自世界其他地方已知技术的投资追赶技术前沿;当经济发展阶段发生变化,技术水平已经赶上前沿时,应该及时调整国家制度和政策,实施有利于领先创新的制度,从而保持经济体的增长率,此时可以称为基于创新的增长。

---

[1] ACEMOGLU D, AGHION P, ZILIBOTTI F. Distance to frontier, selection, and economic growth [R]. NBER Working Paper No. 9066, 2002.

[2] SAPIR J. Rnssia's economic growth and European integration [J]. Post-soviet affairs, 2003, 19 (1): 1-23.

(一) 逻辑基础

"熊彼特式"增长模型的结论为本书有关国家能力的研究提供了一个逻辑基础。通过第三章国家能力的历史比较分析发现，国家能力和对统治者的行政约束似乎都促进了现代国家的形成。此外，新制度经济学和国家能力文献均强调制度对于经济发展的重要作用，只是二者各有侧重，前者强调产权保护和对统治者的制度约束指数；后者强调国家在经济发展中的重要性。"熊彼特式"增长模型则为调和两种观点提供了一个理论基础，即国家能力和行政者约束对经济增长的影响取决于环境和发展阶段，或者说取决于一国与技术前沿的距离。对于处于赶超阶段的工业化早期国家来说，增长主要来自投资，因而建设国家能力可能是更迫切的需要，通过国家干预增加投资，促进实施创新的发生。同时当国家一开始制度就很薄弱时，对统治者进行制度性约束似乎也不太可能有效。当一国发展到一定阶段，接近或者位于技术前沿面时，增长的动力来自创新，此时应该进行领先创新才能维持增长。领先创新面临的复杂性和技术不确定性提高，国家由于其收集和处理信息能力的有限，其有效性会下降，而市场是处理复杂性的更好工具，因而对统治者的行政约束为市场的有效性提供了保障。

(二) 环境依赖的经济增长模型

综合看，经济增长是多个要素作用的结果，制度决定了它们如何对经济增长产生作用。本书着重考虑国家能力和统治者约束的制度变量对经济增长的影响。为了实证方便，根据曼昆等[①]对索洛新古典经济增长模型的改进，考虑到人力资本的作用，本书构建了环境依赖的增长核算等式，人均产出增长是全要素生产率、资本和人力资本三个要素的函数：

$$\dot{y}_t = \dot{A}(z_t(x_t), x_t) + \alpha \dot{k}(z_t(x_t), x_t) + (1-\alpha)\dot{h}(z_t(x_t), x_t) \quad (4.29)$$

在式 (4.29) 中，$\dot{A}$ 是全要素生产率 (TFP) 的增长率，$\dot{k}$ 是人均资本存量增长率，$\dot{h}$ 是人均人力资本增长率。与曼昆等略有差异的是，为了体现"熊彼特式"的环境依赖型增长以及突出国家能力和制度的重要作用，本书假定每个要素都是制度向量 z 和国家特征向量 x 的函数。α 是资本产出份额，$(1-\alpha)$ 为人力资本份额。考虑到阿吉翁和豪伊特对于创新的描述，本书

[①] MANKIW G, ROMER D, WEIL D. A contribution to the empirics of economic growth [J]. The quarterly journal of economics, 1992, 107 (2): 407-437.

主要关注全要素生产率和人均资本存量的增长率,并试图确定国家能力和行政约束如何影响经济体的每个发展阶段。

如上文所言,与技术前沿的距离是"熊彼特式"增长理论的关键特征。最适合支持投资型增长的制度不同于支持创新型增长的制度。尤其是,国家能力和对统治者约束的相对重要性取决于适合特定国家的增长战略。一个国家越落后于世界技术前沿,由(4.28)式可知,经济增长率越会随着实施创新频率的增加而提高,投资型增长战略越重要,相应的国家能力就越重要;当一个国家处于或即将到达世界技术前沿时,由式(4.28)可知,实施创新已经无关紧要,取而代之的是领先创新对经济增长的促进作用,创新型增长战略越重要,相应的国家的退出和对统治者的制度约束指数则更为重要。

三、模型总结

本节介绍了阿吉翁和豪伊特的"熊彼特式"增长模型理论,模型指出了制度的环境依赖性特征,制度需要随着国家发展阶段的不同而存在差异,因此从模型和理论上说,国家能力和行政约束对经济增长的影响是环境依赖型的,需要随着国家发展阶段的变化而不同,或者更精确地说,随着一国距离技术前沿的变化,国家能力和行政约束会对经济增长产生不同的影响。阿吉翁和豪伊特提出的环境依赖型经济增长模型为实证研究提供了理论基础。

第三节 本章总结

本章通过对阿西莫格鲁和阿吉翁与豪伊特理论模型的介绍和概括,从两方面分析了国家能力对于经济增长以及在不同国家发展阶段中的作用:一方面,国家能力自身的强弱对经济增长的影响;另一方面,在经济的不同发展阶段,国家能力对经济发展的作用。理论结果表明,国家能力过高或者过低均不利于经济的增长,过低的国家能力使得统治者缺乏足够的激励提供基础设施等公共产品,因而私人投资也会因缺乏国家支持降低了效率;相反过高的国家能力意味着统治者的攫取能力过强,同样会降低对公民的生产激励,从而降低私人生产的效率。因此,最优的国家能力水平介于公民偏好的国家能力水平和统治者偏好的国家能力水平之间。

现实中除了国家能力有强弱之分外,不同国家之间的发展阶段也存在差异。发展中国家仍处于落后追赶阶段,其技术水平与技术前沿面仍有距离,因此只需对已有前沿技术进行投资便可促进经济增长，这种增长战略是一种基于投资型的增长。发达的工业经济体多接近或者已经位于技术前沿面，此时对已有技术进行投资无法维持经济的增长率，为了继续增长，必须拓宽已有的技术前沿面，加大创新力度，这种增长战略是基于创新的增长。阿吉翁和豪伊特的研究表明，政府政策的增长效应应该视国家的发展阶段和增长战略而定。本书的分析表明，国家可以通过自身的能力吸引投资、保护产业和引进技术，以促进投资型的增长，因此在一国远离技术前沿面的发展早期，国家能力往往在促进增长方面发挥重要作用。当一国位于技术前沿面后，国家能力显得不那么必要，经济体通常拥有较为完善的市场协调制度。由于推动增长的创新技术是复杂且不可预测的，国家在收集信息方面存在滞后性和局限性，此时新制度经济学强调的对产权的保护和对统治者的约束更为有效。国家能力对经济增长的影响取决于一国具体的环境和发展阶段，模型的构建与分析为国家能力影响经济增长的机制提供了理论基础，同时模型的推论为实证检验提供了理论假说。

第五章
国家能力对中国经济绩效的影响
——基于中国省级数据的实证检验

由前文可知,财政能力加上生产能力构成国家能力。理论上,贝斯利和佩尔松建立了能够解释跨国数据的理论,并将法律能力(特别是保护产权的能力)等同于生产能力。各国法律能力的差异是其理论和结果的重要驱动力。现有关于国家能力的实证研究,主要集中在国家层面的分析,较少有文献考察次国家一级层面(或地方层面)的国家能力建设。此外,为数不多的考察地方层面国家能力的文献,主要集中于对印度、越南和拉美国家的分析[1][2],鲜有文献深入中国内部,考察中国地方国家能力建设对于经济绩效的影响。

尽管作为"东亚奇迹"的一部分,中国在改革开放后经济高速发展,但尚未有论文通过合理的外生变量研究中国的国家能力与经济发展的关系。在几千年的治理经验基础上,中国政府对资源的控制力比其他东亚经济体在内的大多数发展中国家都要强。人们普遍认为改革开放后的中国拥有强大的国家能力。然而,这种能力与中国几十年来经济增长的关系尚不清楚。基于此,本章的目标是考察中国国家能力对经济绩效的影响。集中考察单一国家内部国家能力的变化,在实证上还可以消除许多在跨国分析中无法控制的异质性问题。本书对地方国家能力的定义是,地方政府有能力征收税收,并将资源投入生产性投资,如高质量的教育、有效的医疗保健和基础设施。这种能力

---

[1] BESLEY T, BURGESS R. The political economy of government responsiveness: theory and evidence from india [J]. Quarterly journal of economics, 2002, 117 (4): 1415-1551.

[2] DELL M, LANE N, QUERUBIN P. State capacity, local governance, and economic development in vietnam [R]. Mimeo, 2015.

提高了公民的生活质量，降低了企业做生意的成本，并对私人机构产生了正外部性。

第一节　理论机理分析

在中国，为了提高向教育、医疗保健和福利等地方公共产品投资的能力（财政能力）而进行征税是地方政府必须创造的能力。1994年分税制改革后尤其如此。在本书第四章第一节介绍的阿西莫格鲁模型中刻画了地方政府的困境。根据阿西莫格鲁的假设：公共投资产生的公共品提高了公民（以及由公民控制的企业）生产力；公共投资与私人投资之间存在互补性，一并进入生产函数之中。因此，如果财政能力薄弱，即使存在生产能力，也会削弱公共品的生产。阿西莫格鲁的主要结论是科斯定理不适用。最大化共享产出的最优分配结果不会产生，公民偏好的 δ 低于地方政府偏好的 δ（最佳配置的 δ 介于两者之间）。高 δ 值给地方政府带来强的能力，但会减少私人投资的动机；低 δ 值使得地方政府征税能力很弱，进而对公共品投资的动机很低。因此，国家能力强或国家能力弱都会损害公民的产出。基于此，本书提出两个假说：

假说1：税收净额（$T-C^R$）越高，产出越高。

因此，高税收净额是向最优分配的移动，意味着地方政府有意识地决定赚取更少的租金，因此公共投资的增加将促使公民进行更多的私人投资，从而产生更高的产出。

假说2：产出与国家能力的关系呈倒U形。

这一假说重申了阿西莫格鲁的预测，即非常强的国家能力和非常弱的国家能力都可能对产出产生不利影响。δ 反映在贝斯利—佩尔松模型中，其中决定一个国家是弱还是强的主要因素是政治强度。政治上的弱势意味着更大的政治更替，削弱了政府公共投资的动机。因为所得在将来会被他人获取。低的政治更替加强了政府提高税收和增加租金（和公共投资）的动机，但同时也降低了公民的投资激励，导致产出降低。因此，产出和国家能力之间的关系可能呈倒U形。

为了验证第一个假说，本书利用税收和私人投资的跨省之间的差异。在本书搜集到的税收数据中，观察到的是实际税收（不是单独的总税收 T 或者租金 C^R），因为实际税收是公共支出的来源。同时注意到，在本书的样本期间内，地方政府的借贷受到限制（2011年前，中国地方政府不得发行债券），因此公共支出受到税收 T 的限制。阿西莫格鲁认为税收是由产出内生决定的。政府征收多少税收的决策取决于公民的投资决定，公民在做出投资决策时也会预测政府的决策并决定隐藏多少比例的私人产出。由于所有这些决策都是产出的函数，收入决定最优税收，正如税收决定收入一样。因此摆在本书面前的最大挑战是分离出税收对产出的因果影响。

第二节 实证计量模型

一、计量模型构建

参考丁塞科和普拉多的研究，本书使用截面数据计量模型对本章第一节的假说1进行检验：

$$\ln y_i = \beta_0 + \beta_1 SC_i + \beta' Controls_i + \varepsilon_i \quad (5.1)$$

式（5.1）中被解释变量为经济绩效的衡量指标，解释变量 SC_i 为国家能力变量，$Controls_i$ 为相关的控制变量，ε_i 为误差项。

为了对假说2进行检验，本书设定了实证计量模型：

$$\ln y_i = \beta_0 + \gamma_1 LowSC_i + \gamma_2 MedSC_i + \gamma_3 HighSC_i + \gamma' Controls_i + \varepsilon_i \quad (5.2)$$

式（5.2）中解释变量分别表示低国家能力、中等水平国家能力和高国家能力的虚拟变量。如果假说2成立，即统治者因为没有政治威胁而过度征税的国家，以及那些统治者因为政治上的不安全而很少收税的国家，均不会为他们的公民创造私人的投资动机，其结果将低于那些适度征税的统治者，因此预期的实证结果是 $\gamma_2 > \gamma_1$，$\gamma_2 > \gamma_3$。两个假说均寻求国家能力与经济增长的因果估计，因而本章的关键在于工具变量的选择。

二、识别策略——工具变量的选取

（一）战争中人口变化作为工具变量

由于国家能力与经济增长之间显见的双向因果关系，因此为了考察地方国家能力建设对经济增长的影响，须控制经济增长对国家能力的影响，对内生性问题的处理成为实证分析国家能力对经济绩效影响的焦点所在。工具变量法是文献中最常见的解决由于反向因果关系产生内生性问题的方法。理论上说，内生变量的工具变量需满足相关性和无关性两个条件，即所找到的工具变量需要与内生变量存在相关性的同时，自身又不会对被解释变量产生影响。具体到国家能力而言，要评估国家能力对于经济绩效的影响，需要找到引起国家能力变化的合理外生来源。本书在对国家能力相关文献进行总结梳理中发现，国家历史上的战争为国家能力变化提供了一个可能的外生来源。

如本书第二章和第三章中所述，经济史学家已表明，战争是欧洲国家扩大财政能力的主要动力[①]。历史上欧洲各国为了增加财政收入发动战争，都进行了财政创新。有学者认为，历史战争给欧洲各国带来了关键性和长期性的财政制度变迁，过去的财政创新对财政制度的影响一直持续到现在。基于这一前提，丁塞科和普拉多在评估欧洲国家财政能力对经济绩效的影响时，使用前现代战争指标作为衡量现行财政能力的工具变量[②]。更大规模的战争需要更多的资金，因此需要更多的财政创新。丁塞科和普拉多指出，虽然军事支出或政府债务是战争规模的理想衡量方式，但是不存在系统的历史数据[③]。鉴于缺乏可用的财政信息，任何替代指标都必须对过去战争的范围提供一个简明的衡量标准，以便在各国之间进行比较。历史上战争伤亡人数是满足这一条件的唯一数据来源。丁塞科和普拉多在文中构建了前现代战争的人口伤亡数据库，使用人口伤亡数量作为财政能力的工具变量，系统地评估了财政能力对经济绩效的影响。丁塞科和普拉多的两阶段最小二乘估计结果表明，前现代战争中伤亡人数与当下财政能力之间存在显著的正向相关关系。同时他们还表明工具变量的无关性假设也是合理的，据此为财政能力找到了较为合理的工具变量。

本书的识别策略和工具变量的选取主要受到丁塞科和普拉多的启发，但是具体到中国，情形与欧洲国家存在显著区别。如本书第三章国家能力的历史比较分析中所说，历史上的中国一直是一个统一的帝国，在清朝灭亡之前，很少像欧洲国家那样，长期面对国与国之间的战争。相反，历史上中国更多是面对内部的起义和冲突，因此历史上中国的国家能力也一直保持低水平的均衡状态。虽然历史上中国整体国家能力处于较低水平，但中国内部的战争

[①] HOFFMAN P, ROSENTHAL J. The Political economy of warfare and taxation in early modern europe [M]. In Drobak J and Mye J (Eds.) The frontiers of international economics. San Diego: Academic Press, 1997.

[②] DINCECCO M, PRADO M. Warfare, fiscal capacity and performance [J]. Journal of economic growth, 2012, 17 (3): 171-203.

[③] DINCECCO M, PRADO M. Warfare, fiscal capacity and performance [J]. Journal of economic growth, 2012, 17 (3): 171-203.

第五章
国家能力对中国经济绩效的影响——基于中国省级数据的实证检验

冲突使得中国地方上的国家能力发生了显著变化。这为中国地方政府的能力变化提供了外生来源。通过本书第三章对中国历史史实的考察,发现在清朝统治中国的近 300 年间,1851—1880 年爆发的三次战争——太平天国运动、捻军起义、陕甘回变造成的人口损失,包含地方上国家能力的可能外生变化,使我们能够用其作为当前人均地方税收的工具变量。三大战争类似是一个准自然实验(quasi-natural experiment),永久性地改变了中国的税收制度,提高了地方政府在受影响地区征税的能力。然而与此同时,它们对当前经济活动的直接影响应该较小。因此,本书的工具变量有一定的制度基础。

(二) 所选工具变量的制度基础

如本书第三章所言,与当时的欧洲国家和日本相比,清政府的税收收入较低。1850 年以前,土地税是清朝政府最重要的财政收入来源。每一个拥有土地的家庭都有义务纳税,纳税额由家庭土地的大小和质量决定[1]。虽然从 1712 年开始征收人头税,但政府不从这一来源征收额外的税收。根据宋传辉和守口的数据,鸦片战争前夕(1839—1842 年),中国的税收年收入不超过国民收入的 2%[2]。相比之下,德川幕府的可比数字超过了 15%。第三章分析了历史上中国税收较少的原因,宋传辉和守口认为,在地域辽阔、人口众多的中国,存在着严重的委托—代理问题,这解释了为什么清政府试图保持较低的税率,政府规模远小于欧洲和日本。统治者无法密切监控官僚机构,为官僚机构剥削纳税人创造了机会。为了防止剥削,税收一直很低,官僚的人数也很少。

太平天国起义(1851—1864 年)是自 1644 年清朝全面统治中国以来,在本土爆发的规模最大的农民起义战争,同时也是当时世界历史上爆发的最大规模的内战[3]。据估计,战争导致的死亡人数在 2 000 万到 7 000 万,并造成数百万人流离失所。受影响的主要地区是中国南部人口稠密和发达的省份,如江苏、浙江、安徽、江西、湖北和湖南等省份。捻军起义是受太平天国起义影响的一次武装起义,1851 年至 1868 年在中国北方发生,造成大约 10 万

---

[1] CHU TUNG-TSU. Local government in China under the Ch'ing [M]. Cambridge, MA: Harvard University Press, 1962.

[2] SNG T, MORIGUCHI C. Asia's little divergence: state capacity in China and Japan before 1850 [J]. Journal of economic growth, 2014, 19 (4): 439-470.

[3] HO P. Aspects of social mobilty in china, 1368-1911 [J]. Comparative studies in society and history, 1959, 1 (4): 330-359.

人死亡。陕甘回变（1862—1877年）是回族穆斯林和其他穆斯林在陕西、甘肃、云南以及新疆等地发动的一次起义。在中国西北部和西南部地区，有2 000多万人死于屠杀和战争。三次战争造成的总死亡人数接近一亿，是第二次世界大战期间抗日战争（1937—1945年）中国死亡人数的近3倍。

根据蒋廷黻对太平天国运动的描述，这一战争造成了清朝统治以来很大的一个外生人口损失①。清朝政府既没有足够的兵力，也没有足够的经费镇压太平天国的起义军。中央政府采取了鼓励地方士绅阶级组织军队，并允许地方政府征收一种过境商业税——利津税，为其提供战争资金。在战事增多和死亡人数较多的地方，需要更强的税收能力，以便在士兵受伤或死亡后补充兵力。因此，在这些地区收集了更多的利津税。由于洪秀全的反儒家思想，清政府对洪秀全的讨伐得到了士绅阶层的支持。1864年，南京被士绅阶层组成的地方军队攻破，1872年，最后一批太平天国起义军被消灭。需要指出的是，在太平天国运动期间爆发的规模不等的大大小小的战争中，省内和省际的变化是巨大并具有很强随机性的。太平天国运动虽然波及广泛，但并未在全国所有地方发生。例如，在整个太平天国运动期间，清政府控制了靠近南京的江边地带。起义军的战略是进攻清军保护薄弱的地区。然而，清军一旦在该地区增援，超义军就撤退了，这一特点使战争地区变得具有随机性。最重要的是，三次起义是由地方武装力量而不是国家武装力量镇压的。军费开支的资金由地方收取，因此造成全国不同地方财政能力的巨大变化。

利津税的征收也标志着中国税制的重大变革。在上述战争爆发之前的2000年里，中华帝国的统治者一直鼓励农业文化，抑制商业和工业活动。从1853年江苏省扬州地区开始，利津税被大多数省份的地方政府采用。在全国范围内，1903年，利津税收入占全国政府总收入的11%，到1911年增长到14%②。由于利津税归地方政府所有，因而在地方政府收入中所占的份额高。1931年利津税被取消，但是此后中国引入了新的商业税弥补税收收入损失。利津税在不同时期政权之间存在有两个原因：首先，由于政府削减公共服务很难，而提供公共服务需要税收；其次，新政权对政府扩张的权力也少有制度性的约束，现有的税收攫取能力促成了这种扩张。随着时间的推移，商业税变得越来越重要，使土地税显得不再那么重要。这一演变过程与哥伦比亚

---

① 蒋廷黻. 中国近代史 [M]. 武汉：武汉出版社，2012.
② 罗尔纲. 太平天国史纲 [M]. 长沙：岳麓书社，2013.

第五章 国家能力对中国经济绩效的影响——基于中国省级数据的实证检验

的经验类似[1],战争引起的经济活动使商业税成为主要的收入来源。同时战争刺激了城市化,从而使土地税变得更加不重要。

现有文献也提供了人口损失和利津税的联系。虽然全国各地历代郡县收集的利津税资料不多,但罗尔纲收集了晚清浙江省的古代郡县级利津税的资料。浙江省是中国最发达的省份之一,在战争中,其北部和西部遭受了严重的破坏。该研究通过标准化1880年利津税的收入,并对战争后人口的变化进行回归后发现,人口每变化1%,人均利津税收入增长3%,并且在1%的置信水平内显著[2]。因此现有研究成果也表明战争造成的人口损失是外生变量的来源,可以用来识别政府收入对当前经济结果的影响。总之,战争使地方政府在受影响地区永久性地提高了税收能力。

第三节 数据来源和说明

一、数据集回归说明

为了验证前文提出的两个假说,本章所研究的对象为中国30个省级行政区1990—2000年的数据集[3]。1990—2000年是中国1978年改革开放后经济高速发展的初期阶段,此期间内各省税收收入和人均GDP均呈现大幅增加。张晓晶等运用1997—2014年中国省级数据考察了扭曲对全要素生产率(TFP)的影响,发现扭曲与全要素生产率呈现倒U形关系:在经济发展阶段早期一定程度的扭曲有利于经济发展,而当经济发展到一定水平时,扭曲对全要素生产率产生抑制作用。与之差异的是,本章主要着眼于中国改革开放初期阶段,考察在经济起飞阶段国家能力对经济绩效的影响,因此将数据时间范围选定为1990—2000年。

此外需要说明的是,参考丁塞科和普尔多的研究,本书所使用的变量均取1990—2000年的平均值,主要是便于工具变量的构造和使用,因此本章所使用的数据为上述中国各省级截面数据,研究此段期间内平均国家能力对平

---

[1] ACEMOGLU D, JIMENO C, ROBINSON J. State capacity and economic development: a network approach [J]. American economic review, 2015, 105 (8): 2364-2409.
[2] 罗尔纲. 太平天国史纲 [M]. 长沙:岳麓社, 2013.
[3] 重庆市在1997年才被正式批准设立直辖市。由于本书研究时间从1990年起始,因此本书将重庆市排除在样本选择之外。此外,本书中所涉各省数据,均不含我国香港、澳门、台湾地区。

均经济绩效的影响①。

二、变量数据来源

(一) 被解释变量的构造和数据来源

本书的被解释变量为用来衡量经济绩效的指标,其中在基准回归中,主要考察地方国家能力建设对于经济增长的影响,因此,本书使用各省人均GDP衡量各省的经济增长,人均GDP是文献中劳动生产率的常用衡量指标。中国各省人均GDP数据来自《中国统计年鉴》。此外,经济增长仅为经济绩效的一个方面,为了全面地衡量中国改革开放后各省的经济绩效表现,还考察了地方国家能力建设对于各省基础设施投资和教育卫生等公共品投资的影响。参考文献中的通行衡量指标以及数据的可得性,对于基础设施投资,采用各省人均建成公路里程数进行衡量,数据来自《中国统计年鉴》;对于教育指标,采用劳动力平均受教育年限衡量,数据来自《中国人口统计年鉴》和《中国劳动统计年鉴》,其中平均受教育年限计算方法参照彭国华的研究②;对于卫生公共品指标,选取各省人均医疗床位数进行衡量,数据来自《中国卫生统计年鉴》。所选变量的时间范围为1990—2000年,每个变量均取样本时间范围内的平均值。因统计年鉴中各省人均GDP均为名义值,因此在对各年人均GDP取平均值前,需要对各年人均GDP做平减,使其变为可比较的实际人均GDP。本书使用《中国统计年鉴》中以1978年为基期(1978 = 100)的人均国内生产总值平减指数对各年人均GDP做了平减,之后再取平均值和对数得到本书的被解释变量。同样人均公路里程数和人均医疗床位数也取了对数。

(二) 关键解释变量的构造和数据来源

模型(5.1)和(5.2)中的关键解释变量均为表征地方国家能力的变量SC_i,本书使用两个指标衡量地方国家能力,其中在基准回归和工具变量回归中,使用地方政府人均一般预算收入衡量地方国家能力。地方政府收入包括预算收入和政府基金收入,其中预算收入包括增值税、营业税、个人所得税、

---

① DINCECCO M, PRADO M. Warfare, fiscal capacity and performance [J]. Journal of economic growth, 2012, 17 (3): 171-203.

② 彭国华. 中国地区收入差距、全要素生产率及其收敛分析 [J]. 经济研究, 2005 (9): 19-29.

企业所得税、城市维护税和农业税等。政府基金收入包括土地出让收入等。虽然政府基金收入也是政府财政收入的一部分,但本书之所以未将政府基金收入包括在内,因为政府基金收入是2000年以后地方政府收入的一个重要来源,而在本书的样本期间,这些收入并不重要。此外,为了验证回归结果的稳健性,在本章最后的稳健性检验中,替换了解释变量,采用地方政府总财政收入占GDP比重作为替代衡量指标重新进行了回归。地方政府一般预算收入和财政收入数据来自《中国财政年鉴》,与前文类似,使用《中国统计年鉴》中以1978年为基期(1978=100)的CPI平减指数对财政收入做了平减,并取1990—2000年平均值和对数。最后,由于地方政府在样本期内不允许发行债券,因此本书可以维持模型隐含的非借款约束。

(三) 控制变量的构造和数据来源

为了得出地方国家能力与经济绩效之间的因果关系,需要尽可能减少遗漏变量造成的偏误,因此除了关键的解释变量外,还需要在模型(5.1)和(5.2)中加入与关键解释变量和被解释变量相关的控制变量,参考丁塞科、普尔多[1]和张晓晶[2]等的研究,本书主要在省级层面控制了与各省相关的变量,主要包括两点:第一,与各省地形地理层面相关联的控制变量,选择各省面积的对数;该省是否为沿海地区的虚拟变量;各省的纬度。各省的地形以及是否位于沿海地区能够对各省的税收能力以及经济绩效提供一定的解释力。纬度既能在一定程度上捕获观测不到的空间原因[3],同时纬度与气候有关,影响各省作物的种植。省份面积、是否位于沿海地区、各省纬度数据来源于各省的人民政府网站,纬度的取值范围为0到90度。本书对纬度变量做了标准化处理,使得各省纬度的取值范围介于0—1。第二,与各省经济层面相关的控制变量,包含各省的政府规模,使用各省国有单位和集体单位就业人口占城镇就业总人口比例衡量,数据来自《中国劳动统计年鉴》,并取1990—2000年平均值;贸易开放度指标,使用各省进出口总额占GDP比重进行衡量,数据来自《中国统计年鉴》,并取1990—2000年平均值。

---

[1] DINCECCO M, PRADO M. Warfare, fiscal capacity and performance [J]. Journal of economic growth, 2012, 17 (3): 171-203.

[2] 张晓晶,李成,李育. 扭曲、赶超与可持续增长:对政府与市场关系的重新审视 [J]. 经济研究, 2018, 53 (1): 4-20.

[3] BAI Y, KUNG J. Genetic Distance and Technology Diffusion [R]. Working Paper, 2015.

(四) 工具变量的构造和数据来源

本书对内生解释变量（地方国家能力）选取的工具变量为1851—1880年爆发的三次农民起义（太平天国运动、捻军起义、陕甘回变）所造成的人口损失，从理论上详细阐述了工具变量的选取原理以及包含的外生变化。从实证估计上，参照陈玉宇和周黎安的研究[①]，在文中为了衡量1959—1961年饥荒的严重程度，使用了饥荒年份超过正常年份的超额死亡数作为衡量指标。本书类似地构造了表示每个省份的人口变化指标：

$$PopChange = \left(Pop_{1851} \cdot \frac{Pop_{1851}}{Pop_{1820}}\right) - Pop_{1880} \quad (5.3)$$

式（5.3）的主要构造原理如下：假设在没有战争时每年的人口增长率保持不变，即在1820年（嘉庆二十五年）至1851年（咸丰元年）和1851—1880年（光绪六年），两段时期内人口增长率不变。做出这一假设是基于古代生产率提高较为缓慢的事实，在工业革命之前的时代，人口增长在没有战争时会相对稳定。基于这一假设，1820—1851年的潜在平均人口增长率为 $\frac{Pop_{1851}}{Pop_{1820}}$。因此，如果人口增长率在1820—1851年与1851—1880年相同，那么没有战争时，1880年的潜在人口为：$Pop_{1851} \cdot \frac{Pop_{1851}}{Pop_{1820}}$，即为式（5.3）的前一项。由此可见式（5.3）表达的人口变化在于将实际人口与潜在人口的偏差归因于战争。1820年、1851年和1880年各省人口数据来自葛剑雄主编的《中国人口史》[②]，其中第五卷全面深入地讨论了清朝从乾隆四十一年（1776年）到宣统二年（1910年）各省及分府人口数据，并且与中华人民共和国成立后相同政区的人口数量进行了比较。由于清朝时各省的划分与当今存在一定差异，因此在统计省级行政区的历史人口数据时需要做一定的调整。具体为：上海、北京、天津、宁夏、海南五个省级行政区在清朝时并未独立为省级单位，河北省名称亦有所差异。其中，上海市主体部分对应为清朝时期江苏省的松江府，北京对应为清朝直隶省的顺天府，天津对应为直隶省的天津府，宁夏对应为清朝甘肃省的宁夏府，海南对应为清朝广东省的琼州府。虽然当

---

① CHEN, Y, ZHOU L. The long-term health and economic consequences of the 1959—1961 famine in china [J]. Journal of health economics, 2007, 26（4）: 659-681.

② 葛剑雄，曹树基. 中国人口史：第五卷 [M]. 上海：复旦大学出版社，2005.

今各省级行政区在中华人民共和国成立后，管辖范围大多相较清朝时有大幅增加，但主市区并未发生很大扩张。因此本书使用上述各府的人口数据作为当下省级行政区的近似历史人口数据。相应的，将该府的人口数据从清朝上述省份总人口中减去，作为现今省级行政区的历史人口数据，如将直隶省历史人口数据减去顺天府和天津府人口数据作为河北省的历史数据。如此，本书统计了1820年、1851年和1880年30个省级行政区的历史人口数据，具体数据见本书的附表1。

表5-1总结了模型（5.1）和（5.2）中所使用的变量名称和数据来源。

表5-1 模型估计所涉原始变量定义及数据来源

被解释变量	含义及数据来源
ln（GDP pc）	人均实际GDP对数，各省经济增长衡量指标，取1990—2000年平均值。数据来自《中国统计年鉴》
ln（Road pc）	人均公路建成里程数对数，各省基础设施衡量指标，取1990—2000年平均值。数据来自《中国统计年鉴》
EduYears	劳动力平均受教育年限，各省教育衡量指标，取1990—2000年平均值。数据来自《中国劳动统计年鉴》《中国人口统计年鉴》
ln（HospitalBeds pc）	人均拥有医疗床位数对数，各省卫生公共品，取1990-2000年平均值。数据来自《中国统计年鉴》
关键解释变量和工具变量	含义及数据来源
ln（Revenue pc）	人均一般预算收入对数，地方国家能力代理指标，取1990—2000年平均值。数据来自《中国财政统计年鉴》
Trevenue ratio	财政收入占GDP比重，地方国家能力的替代指标，取1990—2000年平均值。数据来自《中国财政统计年鉴》
Popchange	清代三次战争中人口变化，内生解释变量的工具变量。数据来自《中国人口史》
控制变量	含义及数据来源
ln（Areas）	各省地理面积对数，数据来自各省人民政府网
Latitude	各省纬度，标准化至0-1之间。数据来自各省人民政府网
Coastal	沿海省份虚拟变量，当一省位于沿海地区时，取值为1；否则为0。数据来自维基百科

续表

控制变量	含义及数据来源
GovernmentSize	各省政府规模，各省国有单位和集体单位就业人口占城镇就业总人口比例来，取 1990—2000 年平均值。数据来自《中国劳动统计年鉴》
TradeOpenness	贸易开放度，各省进出口总额占 GDP 比重，取 1990—2000 年平均值。数据来自《中国统计年鉴》

第四节 实证结果分析

一、描述性统计分析

在正式进行回归分析前，先对估计模型中所涉及的变量做简单的描述性统计分析。所有的变量均在 30 个省级行政区 1990—2000 年的时间范围内进行统计。表 5-2 展示了全部样本的描述性统计结果。

表 5-2 模型估计所涉变量的描述性统计

变量名称	均值	标准差	最小值	最大值
人均实际 GDP 对数	6.92	0.51	6.04	8.32
人均公路建成里程数对数	-5.86	0.63	-7.05	-4.58
劳动力平均受教育年限	7.07	0.99	3.93	9.43
人均拥有医疗床位数对数	-5.88	0.31	-6.39	-5.19
人均一般预算收入对数	4.38	0.66	2.96	6.32
财政收入占 GDP 比重	0.17	0.07	0.08	0.35
清代三次战争中人口变化	435.33	663.09	-29.56	2219.39
各省地理面积对数	12.02	1.27	8.75	14.31
各省纬度	0.52	0.26	-0.00	1.00
沿海省份虚拟变量	0.33	0.48	0.00	1.00
各省政府规模	0.66	0.08	0.48	0.81
贸易开放度	0.27	0.40	0.05	1.78

从表 5-2 可以看出，在经济绩效的各项衡量指标上，被解释变量，人均

第五章
国家能力对中国经济绩效的影响——基于中国省级数据的实证检验

GDP、人均建成公路里程数、平均受教育年限和人均拥有的医疗床位数,在不同省份存在较大的差异,反映了中国不同省份早期发展存在不平衡的事实。关键解释变量,各省份政府人均一般预算收入对数平均值为 4.38。这一数字相对其他国家的地方政府而言偏低,造成这一比例偏低的原因与 1994 年分税制改革有关。1994 年分税制改革后,中国的税收分为三部分:中央政府 100% 保留关税、消费税和中央控制的国有企业税收收入。地方政府 100% 保留营业税、个人所得税、农业税、地方政府控制的国有企业所得税收入。中央和地方政府分享增值税、股票交易税和自然资源税的税收收入。分享税由国家税务局直接征收,因为部分收入必须汇给上级政府。这一政策使得改革开放早期地方政府原来应分得的大部分收入归入中央,本书使用的样本区间范围跨越了这个区间。此外,在 2000 年之前,土地使用费没有成为地方政府收入的重要来源。土地使用费形式的政府基金收入是 2000 年以后地方政府收入的重要来源,在本书的样本期间内,这些收入并不重要。

从工具变量的描述性统计可知,1851 年至 1880 年三次农民起义给清朝造成的平均人口损失达到 435.33 万人,这一比例占 1851 年各省人口的 30%(1851 年各省人口为 1 446.77 万人,见附录 1)。这对前工业革命时代经济增长的打击无疑是致命的,因为劳动力是农业生产生活的保障。此外,人口损失的标准差为 663.09,表明不同省份之间人口损失存在一定的差异,通过对原始数据做进一步的考察发现,东部沿海地区的省份大多经历了较为严重的人口减少,而中西部各省的人口损失则相对较小,如中部省份总体上仅有约 3% 左右的人口损失。

在其他控制变量方面,各省在地理地形方面存在一定的差异,由第一章可知地理因素是国家能力的重要决定因素之一,因此地理方面的差异,最终使得各地发展的国家能力和经济绩效呈现出显见的差异。在经济规模上,各省的政府规模和贸易开放程度也存在差异。从数据集可以看出,沿海地区较为发达省份的政府规模较小,市场化程度较高,对外开放的程度也相对较高;而中西部地区受到的行政约束相对较大,改革的力度和参与国际贸易的程度落后于东部地区,最终呈现出经济绩效上的差距。

二、模型 (5.1) 实证回归结果分析

(一)基准 OLS 回归结果

在对各变量做了简单的描述性统计分析后,本书将对本章提出的两个假

说进行实证检验。先对假说 1 进行验证，即理论上认为，税收净额越高，产出也会越高。表 5-3 展示了基准 OLS 的回归结果，本书的产出包括人均 GDP 和基础设施及公共品投资。

表 5-3　模型（5.1）基准 OLS 回归结果

变量	人均实际 GDP 对数	人均公路建成里程数对数	劳动力平均受教育年限	人均拥有医疗床位数对数
	(1)	(2)	(3)	(4)
人均一般预算收入对数	0.449***	0.247	0.889**	0.369***
	(0.135)	(0.199)	(0.391)	(0.101)
各省地理面积对数	−0.007	−0.087*	−0.220*	0.020
	(0.029)	(0.051)	(0.118)	(0.035)
各省纬度	0.345***	0.609**	1.224**	0.512***
	(0.113)	(0.248)	(0.465)	(0.143)
沿海省份虚拟变量	0.226***	0.504**	−0.553*	0.043
	(0.088)	(0.222)	(0.324)	(0.108)
政府规模	−0.490	0.970	−2.641	1.311**
	(0.507)	(0.998)	(1.899)	(0.483)
贸易开放度	0.238	0.548***	0.025	0.012
	(0.145)	(0.188)	0.335	(0.104)
省份数目	30	30	30	30
调整后 R^2	0.89	0.73	0.74	0.71

从整体结果看，除了人均城市道路照明灯的产出变量外，以政府一般预算收入衡量地方的国家能力对其他产出变量在经济学和统计学意义上均有正向且显著的影响：其中人均政府一般预算收入每增加 1%，各省人均 GDP 平均增加 0.44%，平均受教育年限增加 0.008 9 年，人均医疗床位数增加 0.37%。这说明在中国改革开放的早期，地方政府能力的增强的确有助于经济绩效的提高，对于增加人均 GDP、提高平均受教育水平和改善卫生条件均有积极的影响，但是第 2 列的结果表明政府一般预算收入虽然对城市道路照明灯有正向影响，但统计上并不显著。

除了关注关键的解释变量外,在所加入的控制变量中,纬度变量、沿海地区虚拟变量和贸易开放度对四个产出变量有正向且较为显著的促进作用。纬度越高,对产出绩效的促进作用相对越强,这一结果与文献中的结果相符。纬度与气候相关,而气候会影响作物种植和劳动生产率。沿海地区虚拟变量的符号显著为正说明,相比于非沿海地区($Coastal=0$),沿海地区($Coastal=1$)的产出绩效也相对较高(除平均受教育年限外)。这一结果说明沿海地区发展程度高的事实。贸易开放程度对基础设施有显著的促进作用,但是对人均GDP的正向作用并不显著,然而从系数和标准误二者的大小可以看出很接近10%水平的显著,因此可能受到内生性问题的影响。

值得注意的是,在所选控制变量中,政府规模对人均GDP的影响均为负且并不显著,表明政府规模对经济增长并没有积极的影响(若有,也是负向的影响),这一结果与阿西莫格鲁等的结果不同。他们在考察哥伦比亚地方国家能力对经济增长的影响时,使用哥伦比亚市政雇员的数量作为地方国家能力的工具变量,发现市政雇员数量对经济增长有显著的正面影响。本书的政府规模衡量指标与其相比有差异。本书使用城镇国有单位和集体单位就业职工占城镇总就业人口的百分比衡量政府规模,阿西莫格鲁等对哥伦比亚市政雇员的定义除了政府组织和国有企业的员工外,还包括学校教师和邮政工人等。总之,阿西莫格鲁等人的定义与本书的定义存在很大重叠,同时两个国家的政府雇员也都提供道路等基础设施投资以及教育医疗等公共品。那么何以雇员数量在两个国家中对经济增长呈现不同的影响?针对此点,下文将在使用工具变量法回归后再考察符号和显著性是否发生变化,并在回归结果讨论中提出可能的解释。

此外,从表5-3最后一行经调整后的R^2中可以看出,所有基准回归的R^2均在0.7以上。这是一个较大的数值,虽然高的R^2并不是模型追求的目标,也无法说明所估计的系数是否存在偏差,但高的R^2值在一定程度上说明,大部分对被解释变量存在影响的可观测因素已经被本模型控制。这降低了遗漏变量所带来的内生性问题,从而增强了本书基准回归结果的信心。

(二)工具变量回归结果

上文使用OLS回归估计了地方国家能力对于各产出变量的影响,虽然遗漏变量造成的内生性问题得到了一定控制,但是正如本章第一节理论机理分析中所说,理论上而言不仅地方国家能力会影响经济增长,而且随着经济的增长,地方税收能力等也会相应地提高。这种被解释变量和解释变量之间的反向因果关系使得 OLS 估计产生内生性偏差，导致估计的系数有偏，无法得到正确地识别。一方面，本书模型由于估计出的系数为正，并且经济增长对税收能力也存在促进作用，因而 OLS 估计系数会存在一定程度的高估；另一方，如果本书衡量地方国家能力的指标不够精确（事实上很可能如此），并且与实际影响劳动生产率水平的因素不一致，那么 OLS 估计可能存在负偏差。因此 OLS 估计的偏差方向尚不清晰。为了解决内生性问题，本书选择使用工具变量法，所选择的 Ⅳ 为清朝末期三次农民起义中人口的变化。表 5-4 展示了使用工具变量估计的两阶段最小二乘结果。

表 5-4　模型 (5.1) 2SLS 回归结果

变量	人均实际GDP 对数	人均公路建成里程数对数	劳动力平均受教育年限	人均拥有医疗床位数对数
	(1)	(2)	(3)	(4)
人均一般预算收入对数	0.385***	0.775***	0.473	0.645***
	(0.149)	(0.280)	(0.377)	(0.169)
各省地理面积对数	-0.020	0.027	-0.310**	0.079
	(0.404)	(0.090)	(0.139)	(0.052)
各省纬度	0.386***	0.268	1.492***	0.334*
	(0.148)	(0.348)	(0.508)	(0.185)
沿海省份虚拟变量	0.282***	0.372**	-0.449*	-0.025
	(0.074)	(0.169)	(0.240)	(0.081)
政府规模	-0.527	1.277	-2.883	1.471**
	(0.477)	(1.244)	(1.980)	(0.597)
贸易开放度	0.282**	0.187	0.310	-0.177
	(0.129)	(0.198)	(0.260)	(0.130)
省份数目	30	30	30	30
第一阶段结果				
人口变化	$2.070e^{-6}$***	$2.071e^{-4}$***	$2.069e^{-4}$***	$2.071e^{-4}$***
	($5.880e^{-5}$)	($5.880e^{-5}$)	($5.880e^{-5}$)	($5.880e^{-5}$)
K-P F	12.40	12.39	12.39	12.38
A-R p	0.002	0.002	0.002	0.002

从表 5-4 可以看出，与表 5-3 相比，在使用工具变量法控制关键解释变量的内生性之后，所关注的解释变量系数的显著性和大小均发生了一定的变化。就第 1 列看，当被解释变量为人均 GDP 时，在解决内生性之后，一般预算收入前的系数相比 OLS 回归有所降低（0.449vs.0.385），这一结果表明 OLS 估计高估了地方政府能力对经济增长的影响，结合上文对内生性来源的分析可知，反向因果在内生性中占据主导作用，忽视经济增长对税收的促进作用会高估国家能力对经济增长的作用，这一结果与现有文献的结论保持一致。在所选控制变量的系数符号及显著性也有变化，其中 OLS 估计中不够显著的贸易开放度变量此时变得十分显著，说明在控制内生性后，贸易开放确实会促进经济增长，表明对外开放和国际贸易对劳动生产率有显著的正向影响，随着中国对外开放脚步的加快，人均 GDP 出现明显改善。其余控制的估计结果与 OLS 估计是类似的，纬度、沿海虚拟变量对劳动生产率水平仍有促进作用，而政府规模的系数仍为负且不显著。表 5-4 展示了两阶段最小二乘中第一阶段的回归结果以及对工具变量有效性的检验。

从第 2 列看，基准回归中政府一般预算收入对基础设施的正向影响并不显著，但当本书控制内生性问题后，系数变量数值增加并变得十分显著，说明政府一般预算收入确实会促进基础设施的投资。同时第 4 列对于卫生公共品的估计结果与基准回归类似，两列结果说明地方政府能力越强，所能提供的基础设施和卫生公共品投资也会越多。这十分符合中国 20 世纪 90 年代高速增长的经验事实，即中国地方政府会通过大量投资以促进经济增长，有能力获得更高正式税收收入的省份也将这些收入转化为更多的人均公共产品。德瓦拉扬等指出，如果税收成本太高，以至于公共品的价值无法抵消征税成本，那么政府收入对公共品投资的影响可能是负面的[1]，文献中有关地方官员浪费、政府腐败和非正规税收的证据很多[2]。但是，本书的评估结果表明至少在改革开放早期的中国，这一负面效应还未占据地位，地方政府能力更多体现为生产性投资。这证明了阿西莫格鲁模型的逻辑性。地方政府官员在晋升和 GDP 考核无不激励着地方政府对公共品的投资，以及所管辖范围内私人产

---

[1] DEVARAJAN S, XIE D, ZOU H. Should public capital be subsidized or provided？[J]. Journal of monetary economics, 1998, 41 (2)：319-331.

[2] OLKEN B, SINGHAL M. Informal taxation [J]. American economic journal：applied economics, 2011, 3 (4)：21-28.

品的生产。第3列对平均受教育年限的工具变量回归结果发现OLS估计的显著结果此时变得不再显著,说明地方国家能力并没有显著提高本地区的受教育水平,针对这一点,下文进行中介效应分析时再做进一步考察和说明。

从工具变量检验的F值看,表中的4列结果均表明不存在弱工具变量问题[1],p值表明,工具变量对于地方政府能力有显著的正向影响。而从第一阶段回归结果看,战争导致的人口损失变化与税收之间呈非常显著的负向相关关系,并且古代人口变化对当今经济增长的影响是微乎其微的,因此可以认为古代战争造成的人口损失被证明是地方政府能力较为有效的工具变量[2]。古代战争造成的人口损失率越大,目前总税收比重或者直接税比重就越高。由此支持了在战争人员伤亡严重、竞争激烈的地区,补充兵力和补给需求最为严重,从而增加了这些地区对税收能力的迫切需求。从第一阶段的系数看,战争造成的人均人口损失每增加一万人,当前人均一般预算收入增加2.07%。

(三) 中介效应分析

在上述回归中,本书通过分别用地方国家能力对于不同经济绩效指标进行回归,表明地方国家能力对于人均GDP和其他公共品供应存在积极影响。这一回归得出的系数可以看成是一种总体影响。更进一步考虑,根据阿西莫格鲁的研究,政府税收收入是地方政府能够对公共品进行公共投资的资金来源,公共投资诱导私人投资,并与公共投资相结合产生产出。因此我们可以将地方国家能力的总体影响分解为:通过提供公共品起作用的"中介"效应和"直接"效应,以衡量每种公共品对繁荣的不同贡献。本部分中介效应分析方法借鉴迪佩尔等的研究[3],他们的方法表明,在两阶段最小二乘估计中,结合两个阶段的估计结果可以识别出用于投资每种类型公共品的政府收入对人均产出的贡献。具体说,假设考虑地方政府收入通过人均道路建成数对人均GDP的影响,人均道路里程数先被作为被解释变量,估计对地方政府一般预算收入的影响,即是表5-4中第2列一般预算收入前的系数β_1(0.775),

---

[1] 根据拇指法则,就经验而言,工具变量的F检验在10—50时,可以认为不存在弱工具变量问题。

[2] 从表5-4的1-4列底部工具变量第一阶段回归结果发现,表中4列第一阶段的结果完全相同,是因为上述四个二阶段最小二乘中的第一阶段回归中被解释变量和解释变量是完全相同的,区别仅在于第二阶段的被解释变量的不同,因此估计所得的第一阶段结果也基本相同。

[3] DIPPEL C, GOLD R, HEBLICH S, et al. Instrumental variables and causal mechanisms: unpacking the effect of trade on workers and voters [R]. NBER Working Paper, 2017.

然后，将人均道路里程数也作为解释变量，估计如下模型：

$$\ln GDP\ pc_i = \alpha_0 + \alpha_1 \ln Revenuepc_i + \alpha_2 \ln Road\ pc_i + \alpha' Controls_i + \varepsilon_i \quad (5.4)$$

那么地方政府税收收入通过道路对人均 GDP 的中介效应由 $\alpha_2 \cdot \beta_1$ 给出。类似地我们可以估计出地方政府税收收入通过教育和卫生对人均 GDP 的中介效应。表 5-5 总结了地方政府通过道路、教育和卫生所产生的中介效应估计结果及自身的总影响。

表 5-5　地方国家能力影响经济增长的中介效应结果

	全部影响	通过道路的效应	通过教育的效应	通过卫生的效应
	（1）	（2）	（3）	（4）
大小	0.385	0.246	0.013	0.017
所占全部效应百分比（100%）	100	63.89	3.38	4.42

从表 5-5 中可以看出，建成道路影响所占的比重最大（63.89%），表明在本书考虑的公共品中，通过道路基础设施投资对人均 GDP 增长的中介效应最大，表明地方政府通过基础设施投资确实促进了经济的增长，是国家能力促进经济增长的主要渠道；其次是通过卫生公共品提供的效应。与两个效应相比，通过教育投资的效应最小，联系上文二阶段最小二乘的结果，地方一般预算收入对于受教育水平的影响不显著。两个结果均表明，政府能力并没有通过教育体现出来，其中一个解释是，道路等交通基础设施投资的回报应归于当地，因此当地政府有强烈的动机进行投资。同时对卫生公共品的投资有助于提高当地人民的健康水平，也是劳动生产率得以保障的前提条件。相反，受过教育的人流动性高，意味着教育中的公共投资不完全被内化，因此地方政府除了维持学校现有的公共投资之外，不愿在教育上过度花费。最后需要注意的是，总效应与中介效应总和的差，看似是政府税收收入的"直接效应"，但可能并非如此。只有当全部公共品都是通过它来调节整体效应，并且公共品之间彼此不相关的时候，情况才会如此。但本书没有满足这些条件。

（四）回归结果讨论

上文分别利用 OLS 估计和工具变量法对（5.1）式进行了实证检验，主要结果已在前文进行了详细分析和阐述，以下对此做几点简短的讨论。

第一，本书工具变量的有效性证实了诺斯和温加斯特以及丁塞科等人的观点，即武装冲突促使统治者建立有效的财政基础设施。由于领土扩张的机会加上外部威胁以及国内政变的风险，统治者急需更多的军事开支，以便在士兵伤亡后补充兵力。在中国的战场上也发生了类似的情况。在伤亡率较高的地区，统治者需要资源补充兵力，由此导致通过扩大税基获得更多的税收，也导致中国更加分权的财政制度。如前所述，从土地税到商业/工业税的转变是永久性的，在中华人民共和国成立后保留了下来。

第二，不论是 OLS 估计结果还是工具变量法的结果，政府规模对经济增长的影响均为负向且不显著，与阿西莫格鲁等对哥伦比亚的考察不同，与他们发现的正向影响相比，本书对中国地方政府雇员有限作用的原因给出了几种解释。首先，公共部门的过度就业产生了社会稳定，但代价是经济效率低下，这种权衡似乎得到了中央政府的同意[1]。其次，正如阿西莫格鲁和罗宾逊指出的，制度选择不是为了效率，而是为了分配结果。与普通公民相比，公共雇员等政治权力团体更有可能决定制度以及相应的制度改革。即使额外的政府雇员不利于经济发展，政府也很难解雇他们。哥伦比亚的政治体制允许公民控制政治家。哥伦比亚在 1988—1992 年进行的改革引入了澳大利亚式的投票和市长直接选举。此外，参议员将从全国选区选出，宪法于 1991 年重新起草。在中国，这种对公职人员的限制要弱得多。

第三，由于长期的军事冲突，哥伦比亚必须有足够数量的政府雇员来维持社会秩序。此外，军事冲突使成为政府雇员变得更加危险，并倾向于限制官僚机构的规模，从而提高政府雇员的生产力。有证据显示成为一名公务员是很有吸引力的，中国政府的规模也在稳步扩大。因而产生了与哥伦比亚相反的结果：公共部门人员过多降低了公共雇员的生产力。这也符合奥尔森对第二次世界大战后美国和英国经济增长低于日本和德国的解释：第二次世界大战摧毁了后者的特殊利益集团。

三、模型（5.2）实证回归结果分析

假说 2 表明，基于阿西莫格鲁的模型，过强（过度的征税）或者过弱（征税不足）都会削弱私人进行生产性投资的激励，降低最终的产出。

---

[1] YIN X. A dynamic analysis of overstate in China's state-owned enterprises [J]. Journal of development economics, 2001, 66 (1): 87-99.

为了对假说2进行验证，如第一节式（5.2）所示，需要将数据集中的省份划分为三类：地方国家能力较强的省份（Strong），地方国家能力居中的省份（Mild）以及地方国家能力较弱的省份（Weak）。划分的标准为根据各省税收能力的强弱。为此，本书采取了如下做法：先从上文两阶段最小二乘法中获取第一阶段的各省税收总额比重的预测值，并运用此预测值标记各省的政府能力排名。之后以15%为门槛将政府能力分为三类，即税收总额比重预测值排名前15%的省为地方国家能力的强省（Strong）、预测值排在后15%的省为地方国家能力的弱省（Weak），而预测值位于中间70%的省份为地方国家能力居中的省份（Mild）。临界值的确定是一个较为主观的选择结果，本书选择了15%的水平，定义了临界值水平后，本书分别对三类政府进行了估计，估计结果见表5-6。

表5-6 模型（5.2）估计结果

变量	人均实际GDP对数	人均公路建成里程数对数	劳动力平均受教育年限	人均拥有医疗床位数对数
	（1）	（2）	（3）	（4）
国家能力强的省份	0.188	-0.226	1.664	0.105
	（0.195）	（0.261）	（0.776）	（0.237）
国家能力居中的省份	1.002***	1.376***	0.702*	0.396**
	（0.126）	（0.218）	（0.375）	（0.151）
国家能力弱的省份	0.706***	0.520**	1.171	0.366
	（0.008）	（0.157）	（0.528）	（0.348）
控制变量	控制	控制	控制	控制
省份数目	30	30	30	30

表5-6中第1列展示了不同强度的地方国家能力对于人均GDP的回归结果。从结果可以看出，地方国家能力居中省份（Mild=1）的产出回归系数十分显著，并且高于地方国家能力强和弱的省份，表明从总体上看式（5.2）中的系数 $\gamma_2 > \gamma_1$，并且 $\gamma_2 > \gamma_3$，假说2的陈述在一定程度上得到了证实。进一步比较各变量前的系数会发现，地方能力弱的省份的系数在三个虚拟变量中最小且不显著，说明中国地方政府太强的攫取能力确实会转化为更大程度的寻租，但地方政府太弱的攫取能力更为有害——治理能力薄弱的省份不会像阿西莫格鲁假

设的那样产生适当的激励。因此,人均产出与地方国家能力的倒 U 形关系成立。

除了以人均 GDP 作为被解释变量外,表 5-6 的第 2、第 3、第 4 列分别展示了以建成道路里程数、平均受教育年限以及人均医疗床位数作为被解释变量的回归结果。从结果看,人均 GDP 的回归结果对于其他公共品投资总体上是成立的(除教育水平作为产出变量外,能力强的省份要大于能力居中的省份,但系数并不显著),地方国家能力居中的省份在提供基础设施投资和公共品等方面显著好于地方国家能力强和弱的省份。这表明不仅人均产出,在更广泛意义上的公共品投资与地方国家能力也存在倒 U 形的关系,阿西莫格鲁模型的结论具有一般性。

第五节 实证结果的稳健性检验

本节对基准回归提供稳健性检验,以评估基准结果的稳健性。根据上文,本节主要做了两个稳健性检验,一是针对假说1,为了验证估计结果的稳健性而更换了关键解释变量的衡量指标,以地方政府财政收入占 GDP 的比重作为地方国家能力的替代衡量指标,这是一个比一般预算收入更为宽泛的指标,因为它不仅包含政府的税收收入,还包括政府的非税收入,也能一定程度上衡量政府能力。二是针对假说2,鉴于地方国家能力强弱临界值的选取具有主观性,本节考察在增加或降低临界值时,结果是否会发生变化。

一、更换地方国家能力的衡量指标

表 5-7 显示了使用财政收入占 GDP 比重作为地方国家能力衡量指标的二阶段最小二乘回归结果。

表5-7 模型 (5.1) 稳健性检验 2SLS 回归结果

变量	人均实际 GDP 对数	人均公路建成里程数对数	劳动力平均受教育年限	人均拥有医疗床位数对数
	(1)	(2)	(3)	(4)
财政收入占 GDP 比重	7.019* (3.759)	14.147** (6.561)	4.717 (6.833)	10.371*** (3.542)
各省地理面积对数	-0.044 (0.059)	-0.024 (0.105)	-0.272** (0.132)	0.048 (0.061)

续表

变量	人均实际GDP对数	人均公路建成里程数对数	劳动力平均受教育年限	人均拥有医疗床位数对数
	(1)	(2)	(3)	(4)
各省纬度	0.744***	0.998**	1.589***	0.855***
	(0.230)	(0.503)	(0.571)	(0.317)
沿海省份虚拟变量	0.442***	0.690**	−0.173	0.253
	(0.108)	(0.283)	(0.297)	(0.168)
政府规模	−1.980**	−1.743	−1.326	−0.185
	(0.903)	(2.099)	(2.151)	(1.363)
贸易开放度	0.389**	0.399***	0.657***	0.060
	(0.137)	(0.152)	(0.160)	(0.131)
省份数目	30	30	30	30
第一阶段结果				
人口变化	$9.119e^{-8}$***	$9.120e^{-8}$***	$9.120e^{-8}$***	$9.121e^{-8}$***
	($2.880e^{-8}$)	($2.880e^{-8}$)	($2.880e^{-8}$)	($2.880e^{-8}$)
K-P F	10.04	10.03	10.03	10.04
A-R p	0.004	0.004	0.004	0.004

从表5-7可以看出，当更换了地方国家能力的衡量指标后，所得到的结果与基准回归结果十分相似，地方国家能力对产出变量均有正向且较为显著的影响（对教育变量的影响并不显著，相关原因已在上文中有所讨论），表明本书得到的结果具有一定的稳健性，地方国家能力对经济绩效确有正向的促进作用。在其他控制变量的符号上，与基准结果是类似的，如贸易开放会提升经济绩效，纬度高的地区经济绩效较好，而此时的政府规模对于所有产出变量的影响都是负向的。

二、改变地方国家能力强弱的临界值

针对假说2，笔者在基准回归中选择了15%的水平作为地方国家能力强弱的临界值，本部分考虑降低和增加临界值，使用10%和20%水平下的情形。

回归结果见表 5-8。

表 5-8 改变临界值的回归结果

	人均实际 GDP 对数	人均公路建 成里程数对数	劳动力平均 受教育年限	人均拥有医疗 床位数对数
	(1)	(2)	(3)	(4)
以 10%作为强弱国家能力临界值				
国家能力强的省份	0.075 (0.112)	−0.380 (0.107)	1.362 (0.749)	−0.040 (0.239)
国家能力居中的省份	0.896*** (0.088)	1.182*** (0.154)	0.727** (0.260)	0.312** (0.141)
国家能力弱的省份	0.070** (0.022)	0.123 (0.051)	0.534 (1.109)	0.196 (0.276)
以 20%作为强弱国家能力临界值				
国家能力强的省份	0.189 (0.170)	−0.219 (0.279)	1.650* (0.749)	0.107 (0.217)
国家能力居中的省份	1.081*** (0.151)	1.634*** (0.217)	1.064** (0.426)	0.535** (0.172)
国家能力弱的省份	0.711*** (0.007)	0.731** (0.209)	1.470** (0.462)	0.460 (0.269)
控制变量	控制	控制	控制	控制
省份数目	30	30	30	30

从表 5-8 可以看出，当改变衡量地方国家能力强弱的临界值时，基准回归结果的符号及显著性没有明显改变，地方国家能力居中的省份对大部分产出变量的影响，显著优于地方国家能力强与弱的省份。仅当考察对教育水平的影响时，居中能力省份的表现没有好于强和弱的省份（但在临界值选择 10%时，能力强与弱的省份影响不显著）。同时将表 5-8 的结果与表 5-6 的结果比较会发现，定义较小的临界值水平，所估计出的效应更小；当定义更大的临界值水平时，所估计出的效应更大。总体而言，地方国家能力对产出绩效的倒 U 形关系在中国是近似成立的。

第六节　本章总结

　　本章立足阿西莫格鲁的理论模型，国家能力是提高经济产出的必要条件之一，国家能力的不足不利于经济的增长。实际上，贝斯利和佩尔松认为，很少有政府拥有这种能力。在这种观点下，如果不发展这种国家能力，中国的持续增长——除劳动力外没有资源红利——是不可能实现的。本章运用1990—2000年中国30个省份的数据实证表明，中国地方政府有能力促进社会稳定和经济增长。本章研究的是1990—2000年的地方国家能力问题，这是一个政府财政能力捉襟见肘，同时又是中国经济经过改革开放后快速发展的时期。研究发现，财政能力好的省份能够将其转化为本省更高的产出。他们能够做到这一点，是利用地方税收提供公共产品，并进行公共投资，同时扩大公民的私人投资。虽然没有数据表明有多少公民收入可以隐藏，但理论表明地方政府能够提供正确激励——鼓励投资而非隐藏——使得产出最多。本章的实证分析证实了这一观点。利用历史上战争中的人口变化作为税收产出能力变化的可能外生来源，证明了地方国家能力促进了产出，而非相反。本章进一步证明，地方国家能力可以通过提供公共品量化国家能力对经济产出的贡献。在本章的估计中，道路基础设施的公共投资对吸引互补的私人投资贡献最大。进行这种公共投资的省份有能力带来更高的产出。研究还表明，私人投资与公共投资相辅相成，共同创造繁荣。最后，肯定一个观点，即能力过强的省份，因为过度征税而降低了产出；而能力较弱的省份，因为征税过低，无法提供必要的激励措施以促进私人投资达到较高水平。因此，国家能力本质上与提供私人激励有关。

　　不同于贝斯利和佩尔松的观点，国家能力的生产力维度（不同于国家的税收攫取能力）取决于制度，特别是可以强制执行财产权的法律制度。许多研究表明，这是西方发达民主国家私人投资的主要激励机制。政府和公众对其合法性的信任是关键。本章的研究结果表明，地方政府能够提供西方国家制度所提供的激励。但是寻找这些激励措施从何而来，则超出了本章的实证范围，需要未来的进一步工作。

第六章
国家能力、制度约束与经济发展
——基于跨国面板数据的实证分析

本书在第四章第二节对阿吉翁和豪伊特提出的"熊彼特式"增长模型进行了介绍和总结，指出包括国家能力和制度约束指数在内的增长政策是环境依赖型的，随着一国的发展阶段不同对经济增长具有不同的影响，并提出了环境依赖型的增长核算等式，为实证提供了理论机理和可检验的假说，本章运用跨国面板数据对此展开分析。

第一节 理论机理分析

一、理论机理

总结阿吉翁和豪伊特的"熊彼特式"内生增长理论模型，创新的关键在于产品质量的提高和新旧产品的替代，以此带来经济增长率的提高。根据一国距离技术前沿面的远近差异，可以将创新分为实施创新（implementation innovation）和领先创新（leading-edge innovation），相应的发展战略可以称之为投资型增长战略和创新型增长战略。本书认为，国家能力和对统治者的制度约束指数在不同国家发展阶段和增长战略之间会产生不同的影响，环境决定了国家能力和制度约束指数之间的最佳权衡。

（一）投资型增长战略

由阿吉翁和豪伊特的研究可知，基于投资型的增长主要发生在一国处于发展或者工业化的早期之时，国内技术距离前沿面较远，可以利用世界范围内已经存在的，对于本国来说较为先进的技术，体现为实施创新的频率很高，即第四章式（4.28）中的 μ_m 频率很高，根据式（4.28）可知，当一国距离技术 2 前沿面较远时，$a_t<1$，因而 μ_m 的增加可以带来经济增长率的提高。基于投资型的增长包括维持高水平的投资和推动采用世界已有的先进技术，对于后工业化国家来说，其工业化既不涉及新技术的发明，也不涉及在竞争性、前瞻性标准中进行选择。因此，后工业化国家最关键的不是缺乏领先全球的技术，而是缺乏购买已有先进技术所需的资金。由于在这些国家内金融市场和大银行体系发展通常还很不完善，因而国家直接融资是启动工业化的必要条件。国家越落后，国家能力就越有利于扫清障碍，为工业化和增长奠定基础。与基于创新型的增长相比，这一过程不涉及复杂的选择机制[1]，降低了经济规划的复杂性，也保证了国家干预经济的有效性，特别是对于行政能力强的国家来说，更是如此。因此，通过调动资本、保护新兴产业、学习新方法和采用新技术，国家可以在促进人均资本存量和全要素生产率增长方面发挥重要作用。鉴于金融市场不发达和协调问题的存在，国家提供和引导资本发挥强有力的作用是必需的。在这种情况下，诺斯和温加斯特强调对统治者进行行政约束不太可能解决市场失灵问题[2]。事实上，在国家能力薄弱的地方，如果要消除工业化障碍并为投资创造一个稳定的环境，将权力分散到多个行动者会适得其反。高水平的国家能力增加了国家主导经济成功的可能性。

基于投资型增长战略中的全要素生产率增长是由学习驱动的。正如卡恩指出的，某些政策，如有条件的补贴，可以促使企业转向更新更先进的技术。然而不可忽视的事实是，在后工业化国家广泛存在高度的裙带关系和客户主义，因此这些增长政策能有效地促进生产率增长的前提是各国有能力选择何时补贴，以及随着时间推移何时取消补贴。当"技术之间的阶梯层级相对明显，并且可以通过观察位于下一技术阶梯层级的国家来确定绩效标准"时，这些任务就更容易完成[3]。因此，行政能力的高低显然很重要。

（二）创新型增长战略

与投资型增长战略相反，创新型的增长主要针对已经完成工业化的发达

---

[1] ACEMOGLU D, TICCHI D, VINDIGNI A. Emergence and persistence of inefficient States [R]. NBER Working Paper, 2006.

[2] NORTH D, WEINGAST B. Constitutions and commitment: the evolution of institutions governing public choice in seventeenth century england [J]. The journal of economic history, 1989, 49 (4): 803-832.

[3] KHAN M. Rent-seeking and onomic development: theory and evidence in Asia [M]. Cambridge: Cambridge University Press, 2000.

国家，这些国家的技术水平已经接近或者位于全球的前沿面。根据式（4.28），$a_t = 1$ 时，实施创新已经无法促进经济增长率的提高，国家必须转变增长战略，实施领先创新，拓展技术前沿面，如此方能继续维持经济的增长率。在技术前沿面，创造新技术和新方法对维持经济增长至关重要，在这一前沿，国家显得不那么必要，因为资本短缺通常不是问题，经济体通常拥有促进协调的市场制度。由于推动增长的技术是复杂且不可预测的，需要进行大量的分工合作和信息协调，国家通常无力应对，其主导的计划和挑选赢家、输家的过程会变得无效。青木指出，国家有效性作为促进经济增长的动力受到两大制约，一是各国收集和处理信息的能力有限；二是政府不是具有更大公共利益的中立机构，它们植根于社会和政治背景中，可能反映出特殊的关切①。因此当经济决策涉及大量复杂性或对适当技术选择的不确定性时，市场往往是决定结果的更好工具，对统治者的约束为防止政治干预提供了保障。正如奥尔森指出的，由于"普遍而难以理解"的不确定性，市场和企业家在决策方面会比任何政府机构做得更好②。国家此时不是培育和保护幼稚产业，而应通过放松对企业进入和退出的管制，创造一种良性氛围，因为私营部门的创新和投资是增长的主要引擎。

因此，对于技术水平先进的发达国家来说，要想在技术前沿保持增长，企业就必须不断进行技术创新，拓宽技术前沿面，必须适应不断出现的技术和未预料到的竞争，而不是寻求国家保护。此时，国家应该适时地退出对经济的干预，转而为企业创新提供一个稳定的政策和制度环境。对国家权力的制度约束指数有助于建立对企业家的承诺，其创新活动的利润不会受到掠夺或者其他机会主义的影响。随着税收、监管和其他经济政策的稳定，企业家的创业预期稳定性提高，缓解了人们对政策的意外变化使创新投资无利可图的担忧③。正如努尔丁所说，即使政策环境对投资不利，企业家也希望它是"可预见的坏"，而不是"既坏又不稳定"④。故与投资型增长战略相比，创新

---

① AOKI M. Toward a comparative institutional analysis [M]. Cambridge: MIT Press, 2001.
② OLSON M. Pouer and prosperity: ontgroaing communist and capitalist dictatorships [M]. Cambridge: MIT Press, 2000.
③ HENISZ W. The institutional environment for economic growth [J]. Economic and politics, 2000, 12 (1): 1-31.
④ NOORUDDIN I. Coalition politics and economic development: credibility and the strength of weak governments [M]. Cambridge: Cambridge University Press, 2011.

型增长战略通常通过对统治者的行政和制度约束指数促进增长。约束可以防止统治者运用国家权力对企业家财产直接征收,增强了政策的稳定性,有效抑制了寻租活动[1]。

二、假说

上述的理论机理产生了实证可证伪的命题。后工业化的发展中国家,人均 GDP 较低,距离技术前沿面较远,投资型的增长能有效促进经济增长,此时国家能够有效发挥集聚资金、动员人力的优势,因此经济增长理应受到国家能力的影响,并且国家能力对经济增长的影响随着一国与技术前沿面距离的增加而增大,维持秩序、提供公共产品是经济增长的必要条件。因此,尽管有些统治者将权力用于掠夺目的,国家能力不能保证有效的经济政策,但国家能力是促进人均资本存量和生产力更快增长的必要条件。当国家能力不存在时,经济会停滞不前。然而,如上文所说,国家能力对前沿经济体的表现可能无益。发展的过程需要有一个足够强大的国家管理更复杂的经济,前沿国家已经拥有很强的国家能力。因此,国家能力在技术前沿国家的边际效应应该或接近于零。市场机制的发展足以处理大多数经济职能。据此,本书有如下假说。

假说 3:一个国家离技术前沿越远,国家能力对全要素生产率和人均资本存量增长率的影响越大。

按照同样的逻辑,当一国处于发展和赶超阶段时,对统治者的制度约束指数不会影响全要素生产率或人均资本存量的增长。即使制度有足够的权威赋予公民真正的权力监督国家和政府,约束也不利于投资型的增长战略。相反,以投资为基础的增长战略会受益于国家对经济的干预。鉴于市场失灵,在这一阶段,国家可能是资本的重要提供者。不受约束的统治者可以做得相对更好。因此,一般来说,对统治者的制度约束指数不会成为影响后发国家全要素生产率或人均资本存量增长的因素,即

假说 4:一个国家离技术前沿越远,统治者约束对全要素生产率和人均资本存量的增长率的影响越小。

但是当一国已经完成工业化,市场制度相对完善,已经接近或者位于技

---

[1] NOORUDDIN I. Coalition politics and economic development: credibility and the strength of weak governments [M]. Cambridge: Cambridge University Press,2011.

术前沿时，完成增长战略的调整，从投资的增长战略转向创新的增长战略至关重要。因此在这一阶段，对统治者的行政检查和制度约束指数则显得更为重要。如阿西莫格鲁等认为，制度约束指数有助于防止既得利益者汲取国家收入，从而支持向创新型增长的过渡①。在某种程度上，约束抑制了寻租，通过创新促进生产率增长，进而提高经济增长。因此本书提出了假说5。

假说5：在技术更先进的发达国家中，对统治者的行政检查和制度约束指数有助于提高全要素生产率的增长率，维持经济的增长。

这些假设是对传统新制度经济学关于政治约束论点的偏离。传统新制度经济学文献过于强调约束统治者的重要性，认为威胁经济增长的主要因素是贪得无厌的统治者，主要的制度问题是对统治者造成可信的约束，特别是为了保护产权和创造政策稳定性的制衡制度。如诺斯和温加斯特在研究英国工业化时指出，对国家统治者征收税收进行约束和检查，很可能在支持工业化方面发挥了重要作用。对于英国来说可能政治约束确实发挥了作用，但要注意的是，当时的英国已经完成了工业革命，处于世界经济的技术前沿。相比之下，后工业化国家面临的环境则截然不同，这些文献忽视了国家能力在后工业化国家经济发展中的能动作用。本书认为，政治约束仅在更窄的范围内对经济增长产生促进作用。首先，国家能力，而不是对统治者的约束，将对后发国家更有帮助；其次，若是支持全要素生产率增长而非投资，则制度约束指数对经济增长的影响最大。

第二节　实证计量模型

为了对上文提出的假说进行验证，本书构建了一个从1970—2010年包含世界多个发达经济体和发展中国家共计75个国家和地区的大型跨国面板数据模型，分别展示实证计量模型和被解释变量及解释变量的构造和选取。

一、计量模型构建

本章需要进行实证检验的假说有三个，式（6.1）是包含所有变量的计量模型，根据检验假说的不同，分别在相应的检验中对相关变量进行取舍。

---

① ACEMOGLU D, TICCHI D, VINDIGNI A. Emergence and persistence of inefficient states [R]. NBER Working Paper, 2006.

$$y_{it} = \alpha_0 + \alpha_1 y_{it-1} + \alpha_2 SC_{it} + \alpha_3 Checks_{it} + \alpha' Controls_{it} + \varepsilon_{it} \tag{6.1}$$

式（6.1）中被解释变量 y_{it} 包括全要素生产率（TFP）增长率和劳动力人均资本存量增长率。这里需要注意的一点是，在本书第四章第二节式（4.25）中使用人均产出，即产出与经济中总人口的比值；而在此处实证回归时，本书倾向于使用劳动力人均指标，即总量指标与经济中适龄劳动力人口的比例。使用劳动力人口计算劳动力人均资本存量，而不是使用人口数据计算人均资本存量，意味着本书的度量反映了劳动年龄人口比例以及特定年龄和性别劳动力参与率的变化，使得变量指标含义更为丰富。解释变量中包含被解释变量滞后项，反映了现实中相邻期劳动力人均资本存量和 TFP 增长率之间存在一定的相关性。关键的解释变量 SC_{it} 表示国家能力，$Checks_{it}$ 表示制度约束指数，$Controls_{it}$ 为回归中加入的控制变量，ε_{it} 为误差项。式（6.1）为本章的核心实证回归模型，下文根据需要对式（6.1）进行不同的回归。

二、模型变量的构建和选取

（一）劳动力人均资本存量增长率及全要素生产率的构建

考虑对式（6.1）中被解释变量的构建。被解释变量包括劳动力人均资本存量增长率和全要素生产率增长率。本书对二者估计的方法主要来自博斯沃思和科林斯的研究①，博斯沃思和科林斯是基于上文式（4.25）的增长核算等式对二者（主要是全要素生产率）进行了估算，根据式（4.25），劳动力人均产出增长来自三部分的贡献：劳动力人均资本的增长、劳动力人均人力资本的积累以及全要素生产率的提高，即：

$$\dot{y} = \alpha \dot{k} + (1-\alpha)\dot{h} + \dot{A} \tag{6.2}$$

因此，全要素生产率的变化是产出变化与资本和人力资本变化的差值。对于劳动力人均资本存量增长率，根据资本运动方程：

$$K_t = (1-d)K_{t-1} + I_t \tag{6.3}$$

其中 d 为折现率，根据博斯沃思和科林斯的假设，其值设为 0.05；I_t 为总投资，据此可以根据已有的总投资数据估算各国每年的人均资本存量，进而计算出劳动力人均资本存量增长率。

计算全要素生产率增长率还需要获取劳动力人均人力资本水平数据。本

---

① BOSWORTH B, COLLINS S. The empirics of growth: an update [J]. Brookings papers on economic activity, 2003 (2): 113-179.

书的人力资本水平数据来自佩恩表 9.0（PWT9.0），芬斯特拉等估计了全球多个国家从 1950—2014 年的人力资本水平[①]。在有了劳动力人均资本存量增长率和劳动力人均人力资本水平后，便可运用增长核算等式推算出全要素生产率的增长率，即：

$$\dot{A} = \dot{y} - \alpha \dot{k} - (1-\alpha)\dot{h} \tag{6.4}$$

此时还存在未知参数 α，即资本份额。根据博斯沃思和科林斯的研究，假设样本期间资本份额被固定为 0.35。博斯沃思和科林斯指出，在那些要素占比可以适当衡量的国家，劳动力份额在不同国家之间（并且随着时间的推移）比传统衡量方法所估计的更为相似，表明这种固定份额的简化不会带来严重的问题。戈林也指出，在发达国家和发展中国家，经调整后的要素份额大致相同，贫富国家之间没有系统性区别[②]。在有了上述估计和假设后，全要素生产率增长率也被相应地估计出来。在本书的附表 3 中，列示了本书选取的样本国家和时间区间内的完整增长核算结果。对于国家，本书分七大区域进行了展示；对于年份，本书展示了每十年和整个时间范围内的估算结果。值得注意的是，本书单独展示了中国在 1970—2010 年的分解结果，不仅因为中国是本书关注的重点，而且因为中国巨大的体量以及自 20 世纪 80 年代以来的高速增长。

从附表 3 的计算和分解结果看，中国的增长在世界范围内确实表现出很高的水平。在 1970—2010 年时间范围内，中国的劳动力人均 GDP 年均增长率（5.4%）显著高于世界平均水平（2.4%），也高于发达工业化国家的水平（1.9%）。20 世纪 80 年代以来，中国的增长率更是独树一帜，如在 2000—2010 的 10 年中，中国的人均 GDP 年均增长率达到 8.2%，反映了改革开放中国高速增长的事实。此外，从分解结果看，对中国人均 GDP 增长贡献最大的部分为全要素生产率的增长，表明中国经济的增长并非纯粹依靠投资驱动，技术水平在此期间有很大提高，与文献中运用中国宏微观数据计算的结果一致[③]。同时在附表 3 中可以看出，在全球范围内东亚其他国家的增长率也优于

[①] FEENSTRA R, INKLAAR R, TIMMER M. The next generation of the penn world table [J]. American economic review, 2005, 105 (10)：3150-3182.

[②] GOLLIN D. Gretling incone siares hght [J]. Jounal of political economy, 2002, 110 (2)：458-474.

[③] BOSWORTH B, COLLINS S. Accounting for growth：comparing China and India [J]. The journal of economic perspectives, 2008, 22 (1)：45-66.

其他区域的国家,而撒哈拉以南非洲国家的增长率为世界范围内的最低水平。

(二) 解释变量的构建与选取

1. 国家能力变量

先是国家能力(SC)代理指标的选取。如第五章所述,在实证考察国家能力对经济绩效的影响时,关键之处是对国家能力内生性问题的处理。由于国家能力与经济增长显见的因果关系,如不能准确控制内生性,便无法得到无偏有效的估计。第五章通过中国清代年间战争导致的人口变化,为国家能力找到了一个较为合理的外生来源;而当我们使用跨国面板数据进行回归时,这一工具变量便不再对所有国家均有效,因而需要找到相对外生且能代表国家能力的变量。

在第二章文献综述中介绍国家能力的衡量指标时,博克斯泰特等提出的国家古老指数(state antiquity index)是国家能力较为合理且外生的代理变量[1]。博克斯泰特等指出,国家能力的差异源于长期的历史进程,这些进程既产生了早期的国家制度,也带来了近几十年来各国不同的增长潜力。历史上曾经建立过统一民族国家或者帝国的当今国家,在最近的几十年均取得了较快的经济发展,如东亚国家具有悠久的建国历史,在20世纪末的经济表现比撒哈拉以南非洲国家要好得多,后者历史上曾长期处于殖民者的统治之下。进一步来说,某些社会先决条件可能与经济政策和资源禀赋一样,对经济增长至关重要。一个早期幅员辽阔、具有大规模行政管理经验的政体,可能有助于经济的更快速增长。据此,他们构建了国家古老指数(该指数在文中用 $StatHist$ 表示)衡量各国历史悠久程度,并表明它与当前国家的制度能力密切相关,是经济增长强有力的预测指标。国家古老指数构建过程如下:将1—1950年每50年作为一个区间,共划分为39个时间段。在每个时间段内,作者均问了三个问题:第一,是否存在部落级以上水平的政府?如果存在,得1分;如果不存在,得0分。第二,如果存在部落级以上水平的政府,这个政府是由外国统治还是本地统治,如果是本地统治,得1分;如果是外国统治,得0.5分(即该国是一个殖民地);如果是外国监督下的本地政府统治,得0.75分。第三,在该领土上建立的现代国家,目前有多大比例的领土是由这个政府统治?如果有50%以上领土曾经隶属于该政权,则得1分;如果统治

---

[1] PERKINS D, RAWSKI T. Forecasting China's economic growth [M]. In: BRANDT L, RAWSKI T G. (Eds.), China's great economic transformation [M]. Cambridge: Cambridge University Press, 2008.

领土比例介于25%~50%,得0.75分;统治领土比例介于10%~25%,得0.5分;比例在10%以下得0.3分。将三个问题所得的分数先相乘,再将结果乘以50,可得出每个时间段内各国所得的分数,每个国家可计算出39个分数值。之后,作者计算出39个时间段分数的加权平均值作为各国的国家古老指数值,其中不同时间段内计算的分数分别赋予不同的权重,时间离今天越久远,赋予的权重越低(如1~50年的权重最低,51~100年其次,以此类推),且每往前推半个世纪,权重就减少5%(但在每个世纪内,权重都是相同的)。在此基础上,为了使国家古老指数更易理解,作者对得到的加权平均值做了标准化处理,因而各国的指数值均介于0~1。博克斯泰特等在文中计算了全球119个国家的国家古老指数值,表6-1分七大区域显示了国家古老指数平均值,其中使用1960年的国家人口作为权重计算区域平均值。

表6-1 国家古老指数区域平均值

区域	国家古老指数
欧洲	0.79
亚洲	0.79
中东和北非	0.64
撒哈拉以南非洲	0.32
拉丁美洲	0.30
北美	0.20
大洋洲	0.16
整体	0.46

来源:BOCKSTETTE V, CHANDA A, PUTTERMAN L. States and markets: the advantage of an early start [J]. Journal of economic growth, 2002, 7 (4): 347-369.

国家古老指数可以捕捉国家历史对文化或社会集体行动能力的影响,并且有理由相信,一国在某一特定领土内的年龄与其能力有关,新建立的国家要在一个地区扎根需要时间。因此国家古老指数值是国家能力很好的代理变量,未来的研究可以利用这一变量解决经济计量问题,如反向因果关系和遗漏变量问题。博克斯泰特等指出,国家古老指数是霍尔和琼斯文中定义的"社会基础设施"(social infrastructure)的一个很好的工具变量。霍尔和琼斯将"社会基础设施"定义为,"决定个体积累技能和企业积累资本并生产产出的经济环境制度和政府政策",并指出,人均资本存量、全要素生产率和劳动力人均产出的差异是由"社会基础设施"的差异驱动的[①]。他们用"国际投资者面临的国家风险指数",以及"国际贸易开放指数"衡量"社会基础设施"。为了控制"社会基础设施"与收入水平的反向因果关系,霍尔和琼斯运用多个外生变量作为"社会基础设施"的工具变量。如与赤道的距离,是否以英语作为第一语言等。博克斯泰特等通过回归比较发现,与这些工具变量相比,用国家古老指数作为"社会基础设施"的工具变量具有更强的预测能力。综合以上考虑,在没有更好的衡量国家能力的指标下,本书采用国家古老指数作为各国国家能力的代理变量。

2. 制度约束指数变量

衡量制度约束指数的指标来自亨尼什(Henisz)的同名指标,称为制度约束指数。最新的制度约束指数数据库覆盖时间区间为1970—2010年,符合本书的估计时间区间,因此本书使用制度约束指数作为制度约束指数的主要衡量指标。

此外,在下文的稳健性检验中,本书使用来自政治制度数据库(Database of Political Institutions)的制度约束指数衡量指标(Checks)进行稳健性检验。韦茅斯指出,"Checks"指标将多党政府的每一位成员均作为制度约束指数的参与者,同时也考虑到选举规则的不同,因此,这似乎是一个比制度约束指数更准确的衡量指标。但考虑到该数据库取值从1975年开始,且部分国家在部分年份的缺失值较多,因此,本书仍使用取值更为完整的制度约束指数作为本书基准回归中制度约束指数衡量指标。"Checks"指标的构建方法是:当一个政体中存在低水平的政治竞争时,取值为1,并且每增加一个政治参与者或机构作为约束,原始变量值就增加1。例如,当行政部门由竞争性选举产生或当反对党控制立法机构或立法机构是多院制,以及当一个政党联盟的每个成员需要保持议会多数时,"Checks"值会增加。本书对原始指数值取对数,因为每次附加约束的影响并非线性,取对数使其值更为平稳。经处理后"Checks"指标取值从0到2.89,平均值为0.96,标准差为0.60。

---

① HALL R, JONES C. Why do some countries produce so much more output per worker than others? [J]. The quarterly journal of economics, 1999, 114 (1): 83-116.

3. 其他控制变量

在使用（6.1）式进行实证计量分析时，还需要加入其他控制变量。参照丁塞科和普拉多以及阿吉翁和豪伊特的方法，本书选取了如下的控制变量：第一，衡量一个国家与技术前沿国之间的距离变量（Gap）。考虑到格申克龙[①]的观点，距离技术前沿越远，技术创新潜能越大，即 Gap 越大，全要素生产率增长率和人均资本存量增长率更大。本书使用美国劳动力人均 GDP 作为衡量技术前沿的代理变量。距离变量是每个国家的劳动力人均 GDP 与美国劳动力人均 GDP 比率的对数。作为稳健型检验，本书使用农业从业人员百分比（$AgEmp$）作为衡量技术进步水平的替代指标。第二，种族分裂水平（$EthnicFrac$）指数值综合了种族和语言的差异，差异越大，该值也越大。第三，一国位于热带地区的陆地面积百分比（$TropicArea$）。

第三节 数据来源与说明

一、跨国面板数据集回归说明

本章研究的跨国面板时间范围从 1970—2010 年共计 40 年，经济增长是一个长期变化的过程，较长的时间序列有助于更为精确地反映经济增长的变化趋势。从附表 3 中可以看出，对于同一个区域来说，在不同的时间段，劳动力人均 GDP 增长率以及各部分对增长的贡献均存在很大的差异；同时在相同时间段内，不同区域的经济增长存在很大差异。在国家选择上，本书综合了被解释变量和关键解释变量的数据可得性，最终在世界范围内选择了 75 个国家，其中既包括发达的工业化国家，也包括后发工业化的发展中国家，同时 75 个国家分布在全球的不同区域内，基本覆盖了世界所有地区，包括人口超过 100 万人的国家在内，全部的经济产出占世界总产出的 95%，总人口占世界人口的 85% 左右。附表 2 分成六大区域展示了样本中 75 个国家名称。

二、变量数据来源

本书构建被解释变量和解释变量数据集来自多个数据库和数据源。

---

① GERSCHENKRON A. Economic backwardness in historical perspective [M]. Cambridge: Harvard University Press, 1962.

第六章
国家能力、制度约束与经济发展——基于跨国面板数据的实证分析

（1）被解释变量中 GDP 数值来自世界银行的世界发展指标数据库（World Development Indicators，WDI）、经合组织国家统计资料汇编（OECD Statistical Compendium）和佩恩表 9.0；劳动力人口数据来自世界发展指标数据库和国际劳动组织（International Labor Organization，ILO）。投资的数据来自世界发展指标数据库、国家统计资料汇编和佩恩表 9.0。人力资本数据来自佩恩表 9.0，总人口数据来自世界发展指标数据库。

（2）关键解释变量国家能力衡量指标来自数据库。基准回归中制度约束指标检查来自政治制度数据库同名指标，并取对数处理。稳健性检验所使用的替代指标制度约束指数来自赫尼兹（2000）。

（3）控制变量中用以计算一国与技术前沿国家距离变量（Gap）的劳动力人均 GDP 数据来自佩恩表 9.0。农业从业人员百分比（AgEmp）指标来自世界发展指标数据库。种族分裂水平（EthnicFrac）数据来自阿莱西娜等的文献。一国位于热带地区的陆地面积百分比（TropicArea）、是否为内陆国家（Landlocked）以及洲际虚拟变量的指标数据来自盖洛普等[①]。表6-2总结了本章所使用的所有原始变量的定义以及数据来源。

表 6-2　回归所涉原始变量定义及数据来源

原始变量	定义	数据来源
GDP	实际国内生产总值	世界发展指标数据库和佩恩表
劳动力	参与经济活动的人口	世界发展指标数据库
投资	国内固定投资	世界发展指标数据库和佩恩表
人力资本水平	各国人力人均资本存量	佩恩表
总人口	各国的总人口数量	世界发展指标数据库
StatHist	基准回归衡量国家能力的代理变量	博克斯泰特等（2002）
劳动力人均 GDP	基准回归中衡量各国技术进步水平变量	佩恩表
AgEmp	农业从业人员百分比	世界发展指标数据库
EthnicFrac	种族分裂水平的衡量指标	阿莱西娜等（2003）
TropicArea	一国位于热带地区的陆地面积百分比	盖洛普等（2001）
Landlocked	一国是否为内陆国家的虚拟变量	盖洛普等（2001）

资料来源：作者整理。

[①] GALLUP J, SACHS J, MELLINGER A. Geography and economic development [J]. Internatimal regional science review, 1999, 22 (2): 179-232.

需要提及的是，本书在前文计算各国全要素生产率增长率时为一个平衡面板集，即每个国家每年均可计算出全要素生产率增长率。但是在做基准回归时，由于部分国家部分年份的国家能力变量（*StatHist*）和制度约束指数变量（*Polcon*，*Checks*）存在缺失，因此，本书的回归面板集为非平衡面板集，同样，单纯的截面分析方法无法捕捉在所涉时期内发生的政治体制变化。最终75个国家50年的大型跨国面板数据构成了本书的基准回归数据集。

第四节　实证结果分析

一、描述性统计分析

（一）主要变量的描述性统计分析

本书对变量之间的关系做了简单的描述性统计分析，以对回归数据集有一个整体的把握，回归变量的描述性统计分析结果如表6-3所示。

表6-3　模型估计所涉变量的描述性统计

变量名称	观测值	均值	标准差	最小值	最大值
人均资本存量增长率	3 032	0.003	0.047	-0.571	0.409
全要素生产率增长率	3 032	0.012	0.029	-0.424	0.276
国家能力	3 032	0.464	0.261	0.070	1.000
制度约束指数	3 032	0.438	0.322	0.000	0.894
距离变量	3 032	-1.475	1.085	-4.378	0.531
种族分裂水平	3 032	0.401	0.258	0.002	0.930
是否为内陆国家	3 032	0.120	0.325	0.000	1.000
热带地区陆地面积百分比	3 032	0.170	0.249	0.000	1.000

从表6-3可以看出，被解释变量最大值、最小值和标准差可以看出，各国之间的人均资本存量增长率和全要素生产率增长率存在较大的差异，表明全球范围内各国的经济表现存在很大不同，为本书观察国家能力对不同发展阶段的经济影响提供了基础。同时，在本书主要关注的两个解释变量——国家能力（*SC*）和制度约束指数（*PolCon*）——各国之间也存在差别，说明现

实中各国政府对经济的干预能力和对政府的制度约束力也存在差异。其他变量方面，各国与技术前沿国的距离不同，有些国家处于技术追赶阶段，而有些国家已经位于技术前沿面。

(二) 变量简单二元分析

本书对关注的解释变量和被解释变量做了简单的二元分析。图6-1展示了本书主要关注的解释变量——国家古老指数以及制度约束指数与被解释变量劳动力人均资本存量增长率的散点图。在图6-1中分别比较了国家古老指数和制度约束指数对中低收入国家和高收入国家人均资本存量增长率的影响。本书对国家的分类以世界银行2011年公布的人均GDP为基准，其中人均GDP低于3 975美元的经济体为中低收入国家；人均GDP高于12 275美元的经济体为高收入经济体。(a) 图和 (b) 图绘制了1960—2010年中低收入国家和高收入国家劳动力人均资本存量增长率与国家古老指数的散点图；(c) 图和 (d) 图为1960—2010年中低收入国家和高收入国家劳动力人均资本存量增长率与制度约束指数的散点图。

从 (a) 图和 (b) 图可以看出，无论是中低收入国家还是高收入国家，均显示出国家古老指数与劳动力人均资本存量年增长率之间呈现较为明显的正相关关系；而从 (c) 图和 (d) 图看，制度约束指数与劳动力人均资本存量增长率虽然呈现正向相关关系，但是与国家古老指数相比，其相关性较弱，说明从简单的二元分析中，人均资本存量增长率与统治者制度约束指数没有显著的正向关系。总结图6-1中的四幅散点图，从简单的描述性统计看，人均资本存量增长率与国家古老指数而不是与制度约束指数相关。根据前文的叙述和本章提出的假说，国家古老指数是国家能力的良好代理变量，因此可通过图形作一个直观比较，理论上说国家能力对后发国家经济增长具有促进和提高作用，这点从散点图中得到了证实。而从图6-1看，国家能力对于发达国家人均资本存量增长率也存在正向影响，其中的原因在于第二次世界大战对于部分高收入国家人均资本存量的破坏。日本与德国的国内经济在第二次世界大战时遭到毁灭性的打击，人均资本存量急剧减少；而在战后国内经济迅速恢复强劲增长，低人均资本存量意味着高边际收益，因此人均资本存量增长率随着国家能力的提高而增加。从散点图中看，制度约束指数似乎对人均资本存量增长率没有确切影响，与本书提出的理论假说相符。后发国家发展经济的关键在于国家能力，而非制度约束指数。最后，当我们使用全要素生产率增长率替代人均资本存量增长率，绘制国家古老指数以及制度约束指数与全要素生产率增长率的散点图时，出现了较为相似的结果。唯一不同的是，在高收入国家中，国家古老指数与全要素生产率增长率的散点拟合图呈下降趋势，而制度约束指数与全要素生产率增长率之间的散点拟合图为斜率为正的直线，表明从二元关系看，在发达国家中，全要素生产率增长率不会随着国家能力的提高而增加，而有效的制度约束指数能够有效促进全要素生产率增长。

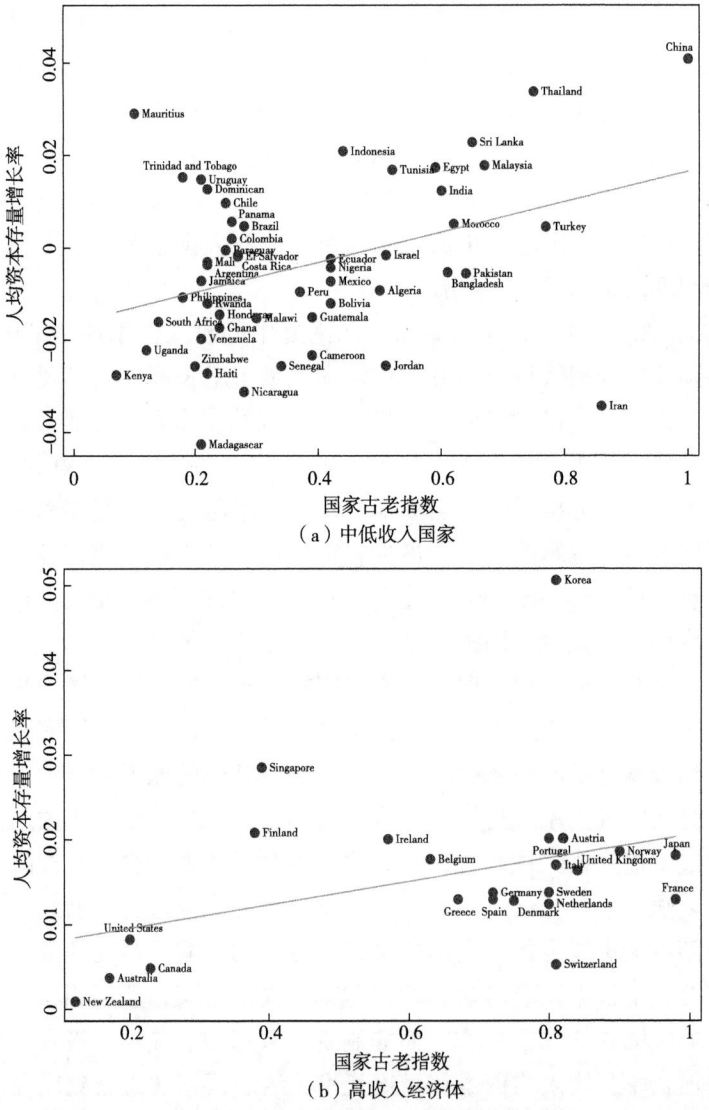

（a）中低收入国家

（b）高收入经济体

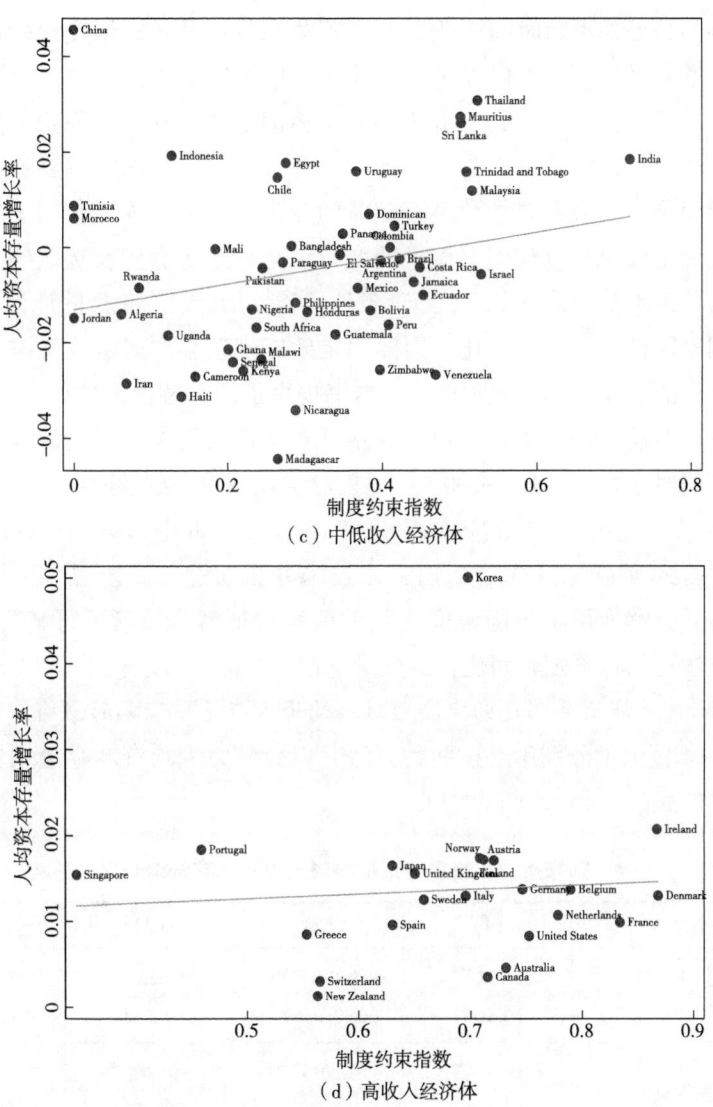

图6-1 国家古老指数和制度约束指数与劳动力人均资本存量增长率散点图

二、实证回归结果分析

（一）回归方法选取说明

本部分开始展示运用跨国面板数据对本章式（6.1）计量模型的回归结果。值得注意的是，与本书第五章截面数据回归模型不同，对于面板回归模型,重要的是处理不随时间变化的不可观测变量以及随时间变化的趋势性特征问题。通常说,我们可以通过个体固定效应和时间固定效应处理不可观测变量问题。然而在式(6.1),并未加入个体固定效应和时间固定效应,主要原因在于本书选择的数据变量无法运用固定效应。本书的关键解释变量国家能力的代理指标国家古老指数是不随时间变化的,因此如果使用固定效应模型,那么固定效应会吸收国家能力的变化。同时还注意到在选取的控制变量中,种族分裂水平 EthnicFrac 和地理条件的衡量指标热带地区陆地面积和是否为内陆国家同样不随时间变化,因此固定效应模型会同时吸收关键解释变量和控制变量的变化。基于此种情形,本书提出了两种替代的估计方法:第一,使用随机效应模型估计式(6.1),在估计对依横截面发生变化的标准误进行了修正,同时在式(6.1)中加入了时间趋势项解释同期随时间变化的趋势性因素;第二,使用固定效应向量分解(fixed-effects vector decomposition,FEVD)方法①重新估计式(6.1),该技术方法通过三阶段程序估计固定效应,但将其分解为可由不随时间变化的国家特征解释或者不可解释的部分,使用该方法可以将不随时间变化的变量系数一并估计出来②。

(二)国家能力和制度约束指数对人均资本存量增长率的影响

表6-4 显示了分别用上述两种方法对以劳动力人均资本存量增长率为被解释变量的式(6.1)回归的结果。

表6-4 国家能力和制度约束指数对人均资本存量增长率的影响

变量	(1)	(2)	(3)	(4)
人均资本存量增长率	0.272***	0.271***	0.262***	0.219***
	(0.056)	(0.056)	(0.056)	(0.018)
种族分裂水平	-0.146***	-0.015***	-0.015**	-0.018**
	(0.006)	(0.006)	(0.005)	(0.008)
内陆国家虚拟变量	-0.001	0.002	0.007*	-0.006
	(0.003)	(0.003)	(0.003)	(0.008)

---

① PLUMPER T, TROEGER V. Efficient estimation of time-invariant and rarely changing variables in finite sample panel analyses with unit fixed effects [J]. Political analysis, 2007, 15(2): 124-139.

② 本书使用了 XTFEVD 外部命令对数据集进行了 FEVD 估计,该 ado 程序由 PLUMPER AND TROEGER 编写,可在其个人主页上下载使用。本书使用的命令版本为 xtfevd 9.0。

续表

变量	(1)	(2)	(3)	(4)
热带地区陆地面积百分比	0.006 (0.006)	0.005 (0.006)	0.005 (0.005)	-0.001 (0.009)
距离变量	0.003* (0.02)	0.006*** (0.002)	0.012*** (0.003)	-0.002 (0.008)
国家能力	0.016*** (0.006)	0.017*** (0.006)	0.001 (0.006)	-0.021 (0.015)
国家能力和距离交互项	—	—	0.014*** (0.04)	0.046** (0.018)
制度约束指数	-0.006 (0.005)	0.006 (0.007)	0.002 (0.007)	0.024** (0.011)
制度约束指数和距离交互项	—	-0.008** (0.004)	-0.007* (0.003)	-0.017*** (0.006)
常数项	0.002 (0.008)	0.008 (0.008)	0.014* (0.007)	0.001 (0.012)
国家数目	75	75	75	75
观测值	3 032	3 032	3 032	3 032
效应	随机效应	随机效应	随机效应	FEVD
时间趋势项	控制	控制	控制	控制
R^2	0.12	0.12	0.12	0.21

在分析表6-4结果之前，先回顾一下本章第一节提出的三个理论假说。假说3预测，国家能力对人均资本存量增长率的影响会随着与技术前沿国家距离的增加而增加。假说4预测，对统治者的政治制度约束指数对人均资本存量增长率的影响随着与技术前沿国家距离的增加而减少。因此，对两个假设的关键检验涉及国家古老指数和距离交互项，以及制度约束指数和距离交互项的符号。因此，我们需要在式（6.1）控制变量中加入两个交互项变量。如果国家古老指数和距离交互项符号为正，那么实证结果便与假说3一致。同样，如果制度约束指数和距离的交互项符号为负，那么实证结果便与假说4相符。如下分别对表6-4中的回归结果进行分析。

表6-4第1列结果显示了国家古老指数和制度约束指数对劳动力人均资本存量增长率的平均影响。从结果可以看出，虽然国家古老指数对于人均资本存量增长率的影响有很强的正向作用，但制度约束指数的影响很弱且不显著。根据结果，国家古老指数每增加一个标准差（0.26），劳动力人均资本存量年平均增长率约增加0.42个百分点（0.016×0.26）。

第2列引入了制度约束指数与距离的交互项，结果显示制度约束指数系数为正（不显著）且制度约束指数与距离的交互项系数为负，表明对统治者的制度约束指数对技术前沿国家。劳动力人均资本存量增长率的影响为正（不显著），且制度约束指数每增加一个标准差（0.32），工人人均资本存量年增长率预计将增加0.26个百分点（0.32×0.008）。但是，随着与技术前沿国家差距的扩大，效应越来越小，实证检验结果与假说4相吻合，只是在第2列中，制度约束指数自身的正向影响在统计上并不显著。此外，与第1列结果相似，在第2列中国家古老指数对人均资本存量增长率的影响是正向且显著的。

第3列的回归结果表明前两列国家古老指数的平均正向效应具有误导性。第3列在前两列回归基础上加入了国家古老指数和距离的交互项。此时结果显示国家古老指数前的系数符号虽然仍为正，但在统计上并不显著，而国家古老指数和距离的交互项前符号为正且十分显著。这表明对于处于技术前沿的国家（距离=0），国家古老指数的影响不显著，而对于离技术前沿越远的国家，国家古老指数的影响效应越强。实证结果与假说3相符，国家能力仅对后工业化的发展中国家人均资本存量增长率有促进作用，对于工业化发达的国家，国家能力并不存在这一效应。同时，第2列表明在技术前沿国家，制度约束指数对人均资本存量增长率的影响为正且显著，但随着距离增加而趋向于零，这一结果在第3列中仍然是稳健的，并且此时制度约束指数和距离的交互项的负向影响在统计上也变得显著。

前3列均采用第一种随机效应方法对式（6.1）进行了估计，并对标准误进行了修正。表6-4第4列显示了采用固定效应向量分解方法回归的结果。笔者发现关键解释变量前的系数与显著性基本上与第3列的结果是相同的（第3列中制度约束指数变量前不显著的系数此时也变得显著），尽管标准误略有增加。对于处于技术前沿的国家，制度约束指数对人均资本存量增长率仍有积极影响，而国家古老指数则没有这一效应。但是二者与技术差距距离的交互项符号一正一负，随着距离值的增大，制度约束指数的影响变为积极的，检查变量的影响则变得趋近于零。

除关注的国家能力和制度约束指数变量外，在加入其他控制变量的符号及显著性方面，根据表6-4第1-4列的结果可以发现，被解释变量的一阶滞后项均十分显著为正，表明现实中人均资本存量的增长存在黏性，前后期之间存在正相关性。种族分裂水平变量和内陆国家变量前的系数大多显著为负，表明种族分裂会抑制人均资本存量的增长；同时一国如果为内陆国家也会影响该国人均资本存量的增速。距离前的系数均显著为正，距离技术前沿越远的国家，人均资本存量的增长越快，这符合经济学中的边际收益递减规律，当一国越落后，人均资本存量越低，其增长率会相应的越高。综合以上结果，以劳动力人均资本存量增长率为被解释变量所得到的实证结果与假说3和假说4一致。随着与技术前沿国家距离的变化，政治约束和国家能力的作用方向相反。对处于领先地位的国家，加强对统治者的约束有助于人均资本存量的增长，但对于落后的国家，情况并非如此。相反，对于这些国家，追赶型增长发生在国家更有能力的地方。

（三）国家能力和制度约束指数对全要素生产率增长率的影响

本书将被解释变量换为全要素生产率增长率，考察国家能力和制度约束指数对于全要素生产率增长率的影响。表6-5显示了回归结果。

表6-5 国家能力和制度约束指数对全要素生产率增长率的影响

变量	(1)	(2)	(3)	(4)
全要素生产率增长率	0.247***	0.245***	0.237***	0.209***
	(0.049)	(0.049)	(0.049)	(0.018)
种族分裂水平	-0.004	-0.004	-0.004	-0.002
	(0.003)	(0.003)	(0.003)	(0.004)
内陆国家虚拟变量	0.000	0.002	0.005*	0.007
	(0.002)	(0.002)	(0.003)	(0.005)
热带地区陆地面积百分比	0.006	0.005	0.005*	0.007
	(0.004)	(0.003)	(0.003)	(0.005)
距离变量	0.001	0.003**	0.006***	-0.001
	(0.001)	(0.001)	(0.002)	(0.005)
国家能力	0.001	-0.008**	-0.003	0.004
	(0.003)	(0.004)	(0.003)	(0.011)

续表

变量	(1)	(2)	(3)	(4)
国家能力和距离交互项	— —	— —	0.008 *** (0.002)	0.009 * (0.005)
制度约束指数	0.006 * (0.003)	0.006 * (0.003)	0.006 * (0.003)	0.020 *** (0.007)
制度约束指数和距离交互项	— —	-0.006 ** (0.003)	-0.005 ** (0.002)	-0.012 ** (0.003)
常数项	0.011 ** (0.005)	0.015 *** (0.005)	0.019 *** (0.005)	0.023 *** (0.008)
国家数目	75	75	75	75
观测值	3 032	3 032	3 032	3 032
效应	随机效应	随机效应	随机效应	FEVD
时间趋势项	控制	控制	控制	控制
R^2	0.11	0.12	0.12	0.13

假说 3 指出，国家能力对全要素生产率增长率的影响随着与技术前沿国家距离的增加而增加。假说 4 也预测，对统治者的政治制度的约束对全要素生产率增长率的影响随着与技术前沿国家距离的增加而减少。两个假说在表 6-5 中基本得到了验证。在表 6-5 的回归结果中，国家能力和距离交互项的系数符号为正，制度约束指数和距离交互项的系数符号为负。但是总体来说，与表 6-4 相比，表 6-5 中的结果有两个关键差异：第一，表 6-5 第 1 列表明，制度约束指数对所有国家的全要素生产率增长率都有正向和显著的影响。当制度约束指数每增加 1 个标准差（0.32），在其他变量不变情况下，全要素生产率增长率预计高出 0.19 个百分点。第二，从整体看，国家古老指数对全要素生产率增长率没有显著的影响。然而，与之前的情况一样，这些平均影响是存在误导性的。国家古老指数和制度约束指数的效果很大程度上取决于与技术前沿国家的距离。从第 2 列结果可知，与技术前沿国家差距越小，制度约束指数对全要素生产率增长的影响越积极。对于技术前沿国家（$Gap=0$），制度约束指数效果正向显著且不为零。这一结果验证了假说 5，即在技术更先进的发达国家中，对统治者的行政检查和制度约束指数有助于提高全要素生产率增长率。国家古老指数的作用与制度约束指数相反。如第 3

列回归结果所示，国家古老指数对全要素生产率增长率的影响随着与技术前沿国家距离的增加而增加，当差距接近于零（距离=0）时，结果为负（表现为国家古老指数本身符号为负，且国家古老指数×距离系数为正）。这与创新型增长战略描述相一致，即国家计划不如实施领先创新有效。然而，对于远离技术前沿的国家，国家古老指数与全要素生产率增长率仍然有着正向显著的影响。同样，表6-5前三列为使用随机效应方法估计的结果，当使用FEVD方法重新回归（第4列）也未改变之前的结果。

此外，全要素生产率增长率的滞后项对全要素生产率的影响显著为正，表明相邻期全要素生产率增长率之间存在很强的正相关关系；而距离的系数大多显著为正，符合新古典增长模型的结论，即远离技术前沿的后发国家，有更快的全要素生产率增长率。总体看，这些结果与"制度约束指数有助于支持处于或接近技术前沿的国家生产率增长"的观点一致，但在经济欠发达的国家，制度约束指数几乎没有效果。这些后发国家更有可能与投资型增长战略联系在一起，而增加制度约束指数并不能促进这一战略。相反，一个具有很强国家能力的国家可以实现这个战略意图。

第五节 实证结果的稳健性检验

一、剔除中国后的回归结果

本书所做的第一个稳健性检验是在基准回归面板数据集中剔除了中国，因为，中国的政治制度与西方的政治制度存在很大差异，而本书选取的制度约束指数评价方法主要是基于西方多党制的政治传统和现状，因此对中国的制度约束指数评价存在一定失准和偏颇。据此，我们检验了剔除中国后的估计结果，显示如表6-6。

表6-6 剔除中国后的回归结果

变量	(1)	(2)	(3)	(4)
人均资本存量增长率	0.258*** (0.056)	0.217*** (0.018)	— —	— —
全要素生产率增长率	— —	— —	0.234*** (0.049)	0.207*** (0.018)

续表

变量	(1)	(2)	(3)	(4)
种族分裂水平	−0.015***	−0.020***	−0.004	−0.003
	(0.005)	(0.008)	(0.003)	(0.004)
内陆国家虚拟变量	0.006*	−0.003	0.005*	0.009*
	(0.003)	(0.008)	(0.003)	(0.005)
热带地区陆地面积百分比	0.006	−0.003	0.005*	0.006
	(0.005)	(0.009)	(0.003)	(0.005)
距离变量	−0.0004***	−0.0003	0.006***	−0.009
	(0.0001)	(0.0003)	(0.002)	(0.010)
国家能力	0.001	−0.005	−0.003	−0.006
	(0.006)	(0.016)	(0.003)	(0.011)
国家能力和距离交互项	0.012***	0.028	0.007***	0.012**
	(0.004)	(0.018)	(0.003)	(0.005)
制度约束指数	0.001	0.022**	0.005*	0.019***
	(0.006)	(0.011)	(0.003)	(0.007)
制度约束指数和距离交互项	−0.007*	−0.016***	−0.005**	−0.011***
	(0.004)	(0.005)	(0.002)	(0.003)
常数项	0.015*	0.007	0.019***	0.027***
	(0.008)	(0.012)	(0.005)	(0.007)
国家数目	74	74	74	74
观测值	2 991	2 991	2 991	2 991
效应	随机效应	FEVD	随机效应	FEVD
时间趋势项	控制	控制	控制	控制
R^2	0.21	0.20	0.15	0.12

从表6-6可以看出,在剔除了中国之后,估计结果与基准回归结果基本相似:国家能力对人均资本存量增长率和全要素生产率增长率的影响会随着与技术前沿距离的增加而增加,而制度约束指数对二者的影响则是越靠近技术前沿,效应越明显。这些结果与本书的假说也基本一致,证明了基准回归结果的稳健性。

二、技术进步水平的替代衡量指标

本部分使用农业从业人员百分比（AgEmp）作为衡量技术进步水平的替代方法，一国农业从业人员占比越高，表明距离技术前沿越远，反之则处于技术前沿面。表 6-7 显示了对所有变量（含交互项）使用含时间趋势项随机效应和固定效应向量分解方法，对人均资本存量增长率和全要素生产率增长率的估计结果。注意到稳健性检验的观测值较基准回归要少很多，由于世界发展指标数据库的农业从业人员占比数据大多从 20 世纪 80 年代开始统计，且不同国家的样本量存在差异，因此此时的数据集仍是非平衡面板集，同时所选国家中马拉维共和国没有农业从业人员百分比数据，因此回归的国家数目为 74 个。

表 6-7 替换技术进步水平衡量指标的稳健性检验

变量	(1)	(2)	(3)	(4)
人均资本存量增长率	0.411*** (0.048)	0.337*** (0.025)	—	—
全要素生产率增长率	—	—	0.373*** (0.051)	0.306*** (0.025)
种族分裂水平	-0.005 (0.005)	-0.001 (0.007)	-0.001 (0.003)	0.001 (0.004)
内陆国家虚拟变量	0.001 (0.001)	-0.008 (0.005)	-0.003* (0.00)	-0.004 (0.004)
热带地区陆地面积百分比	-0.004 (0.006)	-0.001 (0.009)	0.0003 (0.003)	0.004 (0.005)
农业从业人员百分比	-0.0004*** (0.0001)	-0.0003 (0.0003)	-0.0002** (0.0000)	-0.001 (0.005)
国家能力	0.005 (0.005)	0.012 (0.010)	-0.0008 (0.0034)	0.002 (0.007)
国家能力和农业从业人员百分比交互项	0.0005** (0.0002)	0.0009* (0.0004)	0.0003** (0.0001)	2.50e(-06) (0.0003)
制度约束指数	0.007 (0.006)	0.011 (0.009)	0.0001 (0.0002)	0.0005 (0.0003)

续表

变量	（1）	（2）	（3）	（4）
制度约束指数和农业从业人员百分比交互项	-0.005** (0.002)	-0.0002 (0.0005)	-0.006* (0.003)	-0.004 (0.006)
常数项	0.032 (0.008)	0.009 (0.009)	0.009* (0.005)	0.011* (0.006)
国家数目	74	74	74	74
观测值	1 568	1 568	1 568	1 568
效应	随机效应	FEVD	随机效应	FEVD
时间趋势项	控制	控制	控制	控制
R^2	0.26	0.29	0.24	0.22

表6-7估计结果与基准回归结果基本相似。人均资本存量增长率的第1列随机效应估计结果表明，国家能力对人均资本存量增长率影响为正但并不显著，但是从交叉项看，随着农业劳动力从业人数占比的提高，效应会逐渐增加并显著；制度约束指数对人均资本存量增长率的影响为正但并不显著，并且随着农业劳动力从业人数占比的增加正向效应逐渐减弱（交叉项符号为负），且此负向效应十分显著。第2列使用固定效应向量分解估计方法得到的结果与基准回归结果类似，只是稍显差异的是，制度约束指数上述效应并不显著。同时第3列和第4列对于全要素生产率增长率估计的结果发现，对于农业程度越低的国家，制度约束指数对全要素生产率增长率的影响越大，而当一国是一个高度农业化的国家时，国家古老指数的影响程度最大。这些结果与基准回归和假说基本一致。

三、制度约束指数的替代衡量指标

除了对技术进步水平使用替代衡量指标外，本书也使用了制度约束指数的衡量指标进行稳健性检验。即如前文所述，本书使用来自政治制度数据库的制度约束指数衡量指标（Checks）[1]进行稳健性检验，并将其与距离变量做交互项进入回归中。表6-8列示了回归结果。

---

[1] BECK T, CLARKE G, GROFF A et al. New tools and new tests in comparative political economy: the database of political institutions [J]. World bank economic review, 2001, 15 (1): 165-176.

表 6-8　替换制度约束指数衡量指标的稳健性检验

变量	(1)	(2)	(3)	(4)
人均资本存量增长率	0.283***	0.232***	—	—
	(0.074)	(0.020)	—	—
全要素生产率增长率	—	—	0.257***	0.213***
	—	—	(0.063)	(0.025)
种族分裂水平	−0.016***	−0.018**	−0.001	−0.002
	(0.006)	(0.008)	(0.001)	(0.005)
内陆国家虚拟变量	0.006	−0.0006	0.005*	0.012*
	(0.004)	(0.009)	(0.003)	(0.006)
热带地区陆地面积百分比	0.002	−0.001	0.004	0.009
	(0.005)	(0.009)	(0.003)	(0.006)
距离变量	0.010***	0.005	0.005***	0.014**
	(0.003)	(0.009)	(0.001)	(0.006)
国家能力	0.005	0.016	−0.008**	−0.015
	(0.005)	(0.022)	(0.004)	(0.014)
国家能力和距离交互项	0.018***	0.003	0.011**	0.013
	(0.004)	(0.018)	(0.003)	(0.012)
Checks 变量	0.004	0.002	0.0005	0.003
	(0.004)	(0.004)	(0.002)	(0.003)
Checks 和距离交互项	−0.0005	−0.005**	−0.0006	−0.004***
	(0.002)	(0.002)	(0.001)	(0.001)
常数项	−0.006	0.004	0.006	0.025***
	(0.008)	(0.014)	(0.005)	(0.009)
国家数目	74	74	74	74
观测值	2585	2585	2585	2585
效应	随机效应	FEVD	随机效应	FEVD
时间趋势项	控制	控制	控制	控制
R^2	0.13	0.22	0.11	0.13

比较表 6-7 和表 6-8 以及基准回归的结果会发现，所得到的结果基本是一致的，只是在显著性和标准误上有所差异。因此稳健性检验的结果表明，本书基准回归所得到的结果是较为稳健且可靠的。

第六节　本章总结

本章基于阿吉翁和豪伊特的内生增长模型，运用全球 75 个国家和地区 1970—2010 年的跨国面板数据集，实证检验了国家能力和制度约束指数对于经济增长的影响。根据理论模型，可以依据一国距离前沿面的远近，将增长模式分为投资驱动型增长和创新驱动型增长，分别表现为人均资本存量增长率的提高和全要素生产率增长率的增加。本章的实证结果表明，当一国距离技术前沿面较远（后发的发展中国家）时，国家能力对人均资本存量增长率和全要素生产率增长率的提高均有较强的积极影响，制度约束指数对二者的影响并不显著。但是当一国处于技术前沿面时，情况则不同，此时国家能力对二者没有显著影响，而制度约束指数对人均资本存量增长率和全要素生产率增长率的影响则是正向的，尤其是对全要素生产率增长率增长有强有力的作用。本章的实证结果验证了理论假说，说明国家能力对经济增长的影响是环境依赖型的，取决于经济的发展阶段。

第七章
结论与启示

第一节 结论

如前所述,国家能力已成为发展经济学和政治经济学文献中热议的概念之一,本书立足中国改革开放 40 年经济发展的背景,从国家能力的视角重新审视了政府与市场的关系。通过对中外历史上的国家能力建设比较、有关国家能力的模型分析,以及运用中国省级数据和跨国面板数据的实证计量分析,得出了以下结论。

第一,中国古代历史上国家能力一直处于较低水平,是统治者基于长远统治的合理选择。中国的统治者为了维持自己的统治,并获得稳定的垄断收入来源,选择了保持低税收的策略,防止人民不满情绪的爆发,威胁政权的稳定。同时,中国领土广阔,皇帝不可能事必躬亲,只能通过地方官僚机构进行管理。为了解决委托—代理中的激励和信息不对称问题,统治者只能选择固定的剩余索取权,而保持地方官员的自由裁量权,默许或承认地方腐败和滥用职权,有助于解释明清时期的低税率与贪婪政权形象之间的矛盾。此外,传统统治者对地方官员仍存在不信任,于是建立了多层官僚机构相互制衡,这不仅造成了资源的极大浪费,而且使得财政和行政能力低下,最终呈现为经济发展水平的落后,产生了历史大分流。

第二,现代国家建设的过程千差万别,不仅亚欧国家之间存在差异,亚洲内部国家也存在显见的差异。英国的建设过程表明了对国王行政权力限制的重要性。然而,对皇室权威的限制并没有阻止波兰—立陶宛在近代早期的衰落。同时笔者注意到日本、法国和普鲁士在建立现代国家时所遵循的其他道路。这些国家在面对冲突时，更多是依靠强大的国家能力，建立集中的财政和军事实力，最终走向了现代化，虽然这一过程往往伴随着暴力。反观中国，由于其封建专制的早熟，使得其既无外部性的制度对权力进行约束，也没有强大的国家能力开启国家现代化进程，最终未能成功地进行现代化建设，在近代落后于日本和西方国家。

第三，历史上观察到的国家能力与经济增长的联系是视情况而定的，19世纪出现的持续经济增长，与强大但受到制约的国家能力有关。拥有高国家能力的国家可以为此提供制度条件，使增长和创新得以实现，或者至少防止它们因为战争或寻租而毁灭。然而，英国等欧洲国家的故事也告诉我们，国家能力并非多多益善，当国家权力强大到一定程度时，通过制度形式对权力进行限制和约束也同等重要。

第四，针对强而受到制约的国家能力，阿西莫格鲁从理论模型的角度对此进行了刻画，试图说明强大但受到制约的国家能力可以促进经济的增长。阿吉翁和豪伊特也从模型的角度指出，国家能力有助于落后国家实现经济的赶超，而当经济发展到一定阶段后，国家的退出和权力的约束才能持续促进经济增长。

第五，本书的第一个计量模型运用中国30个省1990—2000年的数据，实证检验了地方国家能力对于中国经济绩效的影响，利用历史上三次较大规模农民起义中的人口变化作为税收产出能力变化的可能外生来源，证明了地方国家能力导致产出，而非相反。本书进一步证明，地方国家能力可以通过提供公共品量化对经济产出的贡献。本书还表明，私人投资与公共投资相辅相成，共同创造繁荣。与此同时，国家能力对经济的促进作用存在一个限度，能力过强的省份，由于过度征税而降低了产出。这也通过实证数据表明了国家能力实质上是一把双刃剑。

此外，本书通过包含全球75个国家和地区1970—2010年的大型跨国面板数据，实证分析了国家能力与经济发展阶段的关系，结论证实了本书提出的假设，表明当一国处于追赶阶段时，国家能力对经济的全要素生产率提高具有显著促进作用，即国家能力对于经济增长的影响会随着一国与技术前沿面距离的增加而增大。当一国已经处于技术前沿面时，国家能力则显得不那么必要，因为资本短缺通常不是问题，经济体通常拥有促进协调的市场制度，对国家权力的制度约束指数反而有助于全要素生产率的提高。

第二节 启示

本书的研究结论具有一定的启示意义。

第一,"历史很重要"。为了充分了解现代国家的演变以及国家建设与经济增长的关系,有必要对历史进行"解构"。本书对历史分析的结果表明,从国家能力角度看,古代历史上中国长期的财政和行政能力低下,是使近代中国落后于日本和西方国家的重要原因,国家能力的弱势最终呈现为经济发展水平的落后,产生了历史上的小分流和大分流。对于其中的逻辑进行分析和研究有助于加深对于现代国家建设的理解。

第二,经济发展和国家建设都是漫长而渐进的过程,对于现代国家发展来说,过去的事情依然很重要。卢卡斯对菲律宾和韩国进行了比较①。两个国家在1960年都是穷国,但在随后的十年中,韩国的增长率超过了6%,而菲律宾的增长率不到2%,提示我们注意韩国增长奇迹背后的政策和体制。两国的历史大不相同,在日本殖民和第二次世界大战后分裂之前,韩国有着长期持续的建国历史,相比之下,在菲律宾的历史上,政治权威很少延伸到马尼拉周边地区。尽管1960年两国人均GDP相当,但建设现代经济和实现持续经济增长的任务在菲律宾比在韩国困难得多。表明对现代国家历史上如何产生和建立国家能力的分析,将有助于阐明经济改革或者防止腐败的方案。

第三,国家和政府是一国现代发展的必要条件,现代市场经济发展根本离不开政府,国家能力视角进一步突出了政府的作用,中国改革开放的成功经验已经说明了这一点。正确处理政府与市场的关系,不是政府削弱或取代市场机制,而是政府应成为市场发挥决定性作用的重要前提和保障。

第四,本书的实证结果表明,国家能力作用的发挥依赖经济体的不同发展阶段和历史路径,当一国接近或者位于世界的技术前沿面时,应该更好地发挥市场的作用,此时国家应该适时减少对经济的干预,转而为企业创新提供一个稳定的政策和制度环境,令市场在资源配置中发挥决定性作用。

---

① LUCAS J. Making a miracle [J]. Econometrica, 1993, 61 (2): 251-272.

参 考 文 献

中文文献：

［1］陈玮,耿曙．发展型国家的兴与衰:国家能力、产业政策与发展阶段［J］．经济社会体制比较,2017(2):1-13.

［2］李稻葵,金星晔,管汉晖．中国历史 GDP 核算及国际比较:文献综述［J］．经济学报,2017,4(2):14-36.

［3］朱安东,李民骐,韩野．国家能力与中国经济增长的可持续性［J］．政治经济学评论,2012,3(4):47-66.

［4］张晓晶,刘学良,王佳．债务高企、风险集聚与体制变革:对发展型政府的反思与超越［J］．经济研究,2019,54(6):4-21.

英文文献：

［5］ACEMOGLU D, JOHNSON S, ROBINSON J, et al. Institutional causes, macroeconomic symptoms: volatility, crises and growth［J］. Journal of monetary economics, 2003, 50(1): 49-123.

［6］ADESERA A, BOIX C, PAYNE M. Are you being served? political accountability and quality of government［J］. The Journal of law, economics, and organization, 2003, 19(2): 445-490..

［7］BESLEY T, BURGESS R. The political economy of government responsiveness: theory and evidence from India［J］. The quarterly journal of economics, 2002, 117(4): 1415-1451.

［8］BRANDT L, VAN BIESEBROECK J, Zhang Y. Creative accounting or creative destruction? firm-level productivity growth in Chinese manufacturing［J］. Journal of development economics, 2012, 97(2): 339-351.

［9］COX G. Marketing sovereign promises: monopoly brokerage and the growth of the English state［M］. Cambridge: Cambridge University Press, 2016.

［10］ERTMAN T. Birth of the leviathan: building states and regimes in medieval and early modern Europe［M］. Cambridge: Cambridge University Press, 1997.

[11] GENNAIOLI N, Voth H. State capacity and military conflict[J]. The review of economic studies,2015,82(4):1409-1448.

[12] HAGGARD S. Institutions and growth in East Asia[J]. Studies in comparative international development,2004,38(4):53-81.

[13] KING R,LEVINE R. Finance and growth:schumpeter might be right[J]. The quarterly journal of economics,1993,108(3):717-737.

[14] KNACK S, KEEFER P. Institutions and economic performance: cross - country tests using alternative institutional measures[J]. Economics & politics,1995, 7(3):207-227.

[15] KRUGMAN P. The myth of Asia's miracle[J]. Foreign affairs,1994,73(6):62-78.

[16] MANN M. The sources of social power: The rise of classes and nation states,1760-1914[M]. Cambridge:Cambridge University Press,1993.

[17] MOKYR J, NYE J. Distributional coalitions, the industrial revolution, and the origins of economic growth in Britain[J]. Southern economic journal,2007,74(1):50-70.

[18] NUNN N,WANTCHEKON L. The slave trade and the origins of mistrust in Africa[J]. American economic review,2011,101(7):3221-3252.

[19] O'BRIEN P. The political economy of British taxation,1660-1815[J]. Economic history review,1988:1-32.

[20] POMERANZ K. The great divergence, China, Europe and the making of the modern world economy[M]. Princeton:Princeton University Press,2000.

[21] ROBINSON M. Hybrid states: globalization and the politics of state capacity[J]. Political studies,2008,56(3):566-583.

[22] SAPIR A, AGHION P, BERTOLA G, et al. An agenda for a growing Europe:the Sapir report[M]. New York:Oxford University Press,2004.

[23] SHIUE C, KELLER W. Markets in China and Europe on the eve of the industrial revolution[J]. American economic review,2007,97(4):1189-1216.

[24] TABELLINI G. The scope of cooperation: values and incentives[J]. The quarterly journal of ll.

[25] THIES C. Of rulers, rebels, and revenue: state capacity, civil war onset, and primary commodities[J]. Journal of peace research,2010,47(3):321-332.

[26] WEISS L. The myth of the powerless state[M]. Ithaca, Cornell University Press, 1998.

[27] ZHANG T, ZOU H. Fiscal decentralization, public spending, and economic growth in China[J]. Journal of public economics, 1998, 67(2):221-240.

附　录

附表1　中国30个省级行政区历史人口数据（1820年、1851年、1880年）（万人）

省份	1776年	1820年	1851年	1880年
江苏	3 015.9	3 680.3	4 180.4	2 693.9
上海	227.7	263.2	291.5	255.2
安徽	2 585.7	3 206.8	3 738.6	2 139.2
浙江	2 236.5	2 733.5	3 027.6	1 602.9
江西	1 878.3	2 234.6	2 428.6	1 331.6
湖南	1 525.2	1 898.1	2 180.9	2 251.2
湖北	1 617.3	1 948.2	2 218.7	1 896.6
福建	1 377.9	1 654.5	1 840.7	1 416.7
广东	1 732.5	2 002.2	2 224.7	2 458.6
海南	112	138.3	161.2	186.1
广西	766.2	946.1	1 096.2	1 259.2
云南	788.4	1 029.9	1 267.5	1 164.5
贵州	567.2	747.8	879.4	1 025.4
四川	1 406.7	1 991.6	2 491.5	3 086.7
河北	1 446.9	1 762.1	2 038.7	2 354
北京	198.7	386	460.6	543.3
天津	134.3	160.1	206.2	261.4
河南	2 315	2 749.7	3 326.6	3 558.5
山东	2 790.2	3 232.6	3 558.5	3 897.8
山西	1 226.2	1 433.9	1 583.8	882.7
陕西	796.5	1 213.4	1 326.9	707.5
甘肃	1 444.6	1 609.5	1 736.1	478.5
宁夏	135.3	151	162.9	17

续表

省份	1776年	1820年	1851年	1880年
新疆	86.2	110.5	136.3	139.2
青海	28	30	31.4	32.9
西藏	114	119	123.1	127
内蒙古	185.5	229	265.6	305.2
辽宁	61	175.7	258.2	409
吉林	29.4	56.7	123.8	256.9
黑龙江	10.8	16.8	37	77.5

数据来源：葛剑雄，曹树基：《中国人口史》（第五卷，清时期）[M]. 上海：复旦大学出版社，2005. 部分省份人口数据调整方法见本文第五章第三节，省份顺序与《中国人口史》一致。

附表2 本文所选世界国家名称（75个）

东亚国家（7个）	南亚（4个）	发达工业化国家（22个）	中东和非洲北部国家（8个）	拉丁美洲（21个）	撒哈南以南非洲国家（13个）
中国	孟加拉国	澳大利亚	阿尔及利亚	阿根廷	加纳
印度尼西亚	印度	奥地利	埃及	玻利维亚	肯尼亚
韩国	巴基斯坦	比利时	伊朗	巴西	马达加斯加
马来西亚	斯里兰卡	加拿大	以色列	智利	马拉维共和国
菲律宾	—	丹麦	约旦	哥伦比亚	马里
新加坡	—	芬兰	摩洛哥	哥斯达黎加	毛里求斯
泰国	—	法国	突尼斯	多米尼克共和国	尼日利亚
—	—	德国	土耳其	厄瓜多尔	乌干达
—	—	希腊	—	萨尔瓦多	塞内加尔
—	—	冰岛	—	圭亚那	南非
—	—	爱尔兰	—	海地	坦桑尼亚
—	—	意大利	—	洪都拉斯	乌干达
—	—	日本	—	牙买加	津巴布韦
—	—	荷兰	—	墨西哥	—
—	—	新西兰	—	尼加拉瓜	—

续表

东亚国家 (7个)	南亚 (4个)	发达工业化国家 (22个)	中东和非洲北部国家 (8个)	拉丁美洲 (21个)	撒哈南以南非洲国家 (13个)
—	—	挪威	—	巴拿马	—
—	—	葡萄牙	—	巴拉圭	—
—	—	西班牙	—	秘鲁	—
—	—	瑞典	—	特立尼达和多巴哥	—
—	—	瑞士	—	乌拉圭	—
—	—	英国	—	委内瑞拉	—
—	—	美国	—		

附表3 分区域和时间经济产出增长分解（1970—2010年）

区域	时间	劳动力人均产出年增长率（%）	对增长率的贡献（%）		
			劳动力人均资本	劳动力人均人力资本	全要素生产率
世界范围 （75个国家）	1970—1980	2.5	0.4	0.6	1.5
	1980—1990	2.2	0.4	0.5	1.3
	1990—2000	2.3	0.5	0.6	1.2
	2000—2010	2.6	0.6	0.5	1.5
	1970—2010	2.4	0.4	0.5	1.5
发达工业化国家（21个）	1970—1980	2.6	0.7	0.6	1.3
	1980—1990	2.4	0.6	0.4	1.4
	1990—2000	1.9	0.4	0.3	1.2
	2000—2010	0.8	0.03	0.3	0.47
	1970—2010	1.9	0.4	0.4	1.1
中国	1970—1980	3.2	0.4	1.1	1.7
	1980—1990	4.4	1.0	0.7	2.7
	1990—2000	5.9	1.7	1.1	3.1
	2000—2010	8.2	2.7	0.4	5.1
	1970—2010	5.4	1.4	0.8	3.2

续表

区域	时间	劳动力人均产出年增长率（%）	对增长率的贡献（%）		
			劳动力人均资本	劳动力人均人力资本	全要素生产率
除中国外的东亚国家（6个）	1970—1980	5.4	1.1	0.8	3.5
	1980—1990	4.5	0.9	1.3	2.3
	1990—2000	3.5	0.7	0.8	2.0
	2000—2010	3.6	0.8	0.7	2.1
	1970—2010	4.4	0.9	0.9	2.6
拉丁美洲（21个）	1970—1980	3.6	0.4	0.5	2.7
	1980—1990	-0.8	-0.9	0.8	-0.7
	1990—2000	1.5	-0.1	0.8	0.8
	2000—2010	2.0	0.2	0.8	1.0
	1970—2010	1.7	0.0	0.8	
南亚国家（4个）	1970—1980	0.7	-0.6	0.5	0.8
	1980—1990	3.2	0.3	0.9	2.0
	1990—2000	3.1	0.4	1.1	1.6
	2000—2010	5.2	1.3	0.7	3.2
	1970—2010	3.0	0.3		1.9
撒哈拉以南非洲国家（13个）	1970—1980	1.7	-0.4	0.3	1.8
	1980—1990	-0.5	-1.1	0.3	0.3
	1990—2000	-0.2	-0.9	0.8	-0.1
	2000—2010	3.4	0.5	1.1	1.8
	1970—2010	1.1	-0.5	0.6	1.0
中东和非洲北部国家（8个）	1970—1980	-1.8	-1.6	0.6	-0.9
	1980—1990	1.1	-0.6	1.2	0.5
	1990—2000	1.8	0.0	0.9	0.9
	2000—2010	3.0	0.5	1.0	1.5
	1970—2010	1.4	-0.3	0.9	0.8

数据来源：本文依据博斯沃思和柯林斯的方法计算得到。

注：①区域内各国平均GDP权重被用来构建各区域的平均增长率，计算方法为使用PWT 6.0中1996年购买力评价汇率转换的各国1960—2010年GDP的平均值。

②劳动力人均资本贡献为其年增长率乘以本文假设的资本固定生产份额（0.35）。

③劳动力人均人力资本贡献为其年增长率乘以人力资本固定生产份额（0.65）。

④全要素生产率的贡献为产出增长率-资本贡献率-人力资本贡献率。

后 记

本书是在笔者博士论文基础上经修订而成的，本书的完成凝聚着众多师长好友和家人的努力和帮助。此刻，最想要表达的是对博士导师张晓晶老师的感激与敬意。在社科院读博的三年，张老师不厌其烦地给予我学术上的指导；在每一次学术会议和师门聚餐中，张老师的言语之中透露着对学生晚辈无微不至的关怀。跟随张老师，我不仅开阔了视野，掌握了诸多经济学理论以及项目课题经验，更从导师身上领会到了将学术作为终身追求的学者风范。张老师的关怀和指导让我无比感动，高山仰止，在未来我会努力，争取不辜负张老师的栽培和期望。

同时，在社科院研究生院学习的三年，与倪红福老师、陈昌兵老师等交流学习体会颇多，他们对我学术素养的养成有非常大的帮助，他们认真负责的教学态度和专业的学术品质让我备受感染。还要感谢经济所的教务和行政老师，如蒋维慎老师和程蛟老师等，他们的艰辛付出是我得以顺利毕业的前提和保证，谨向两位老师致以最诚挚的敬意。

此外，还要感谢我博士生涯期间的亲密伙伴和师兄师姐们，他们是乐鹏、刘津、志虎、王锋、会永、高廉、一涛、曹畅、阿龙、霄伟、谢超、欠欠等，博士论文的完成离不开你们的支持与陪伴，未来的道路上希望大家的友谊能够长长久久。

本书的完成更离不开父母和爱人的支持，家人温暖的鼓励是我遇到挫折时最大的力量源泉，你们的温言细语在任何时候都是那样充满力量，谢谢家人！

还有太多的老师、同学需要感谢，在我理论模型和实证计量等方面遇到问题时，你们总是无私地为我提供帮助，每次与你们的讨论总能让我产生新的想法和灵感。这些帮助我将会永远铭记在心。

路漫漫其修远兮，吾将上下而求索。在未来漫长的人生道路和工作、学习生涯中，希望大家能够继续努力，一起开创更绚丽美好的未来！